全国小学生校园美文精品集萃丛书

七色阳光
小少年

云端之上的快乐华尔兹

《语文报》编写组 编

时代文艺出版社

图书在版编目（CIP）数据

云端之上的快乐华尔兹/《语文报》编写组编. —长春：时代文艺出版社，2018.8（2023.6重印）

（"七色阳光小少年"全国小学生校园美文精品集萃丛书）

ISBN 978-7-5387-5949-5

Ⅰ.①云… Ⅱ.①语… Ⅲ.①作文－小学－选集 Ⅳ.①H194.4

中国版本图书馆CIP数据核字（2018）第152168号

出品人	陈　琛
产品总监	郭力家
责任编辑	李荣崟
装帧设计	孙　利
排版制作	隋淑凤

云端之上的快乐华尔兹

《语文报》编写组　编

出版发行 / 时代文艺出版社

地址 / 长春市福祉大路5788号　龙腾国际大厦A座15层　邮编 / 130118

总编办 / 0431-81629751　发行部 / 0431-81629758

官方微博 / weibo.com / tlapress

印刷 / 北京一鑫印务有限责任公司

开本 / 700mm×980mm　1 / 16　字数 / 153千字　印张 / 11

版次 / 2018年8月第1版　印次 / 2023年6月第5次印刷　定价 / 34.80元

编 委 会

目 录

爱，经得起平淡的流年

001

薄荷的夏天

003

那天阳光好暖

葡萄架旁的天使

爱，经得起平淡的流年

　　我愣愣地看着他们的背影，似乎世界上的幸福都降临到了他们身上。我忍不住笑了，眼睛有些微微的湿润。低头看着手中那些制造浪漫的物品，突然觉得这些东西都是多余。我笑着向他们追去，就让我这个不懂得真正罗曼蒂克的人为他们的爱情祝福吧！

大爱无声

唐郭臻

奶奶总喜欢默默地研究那本已经卷了边的菜谱，把她慈祥的爱放进了喷香的饭菜里。奶奶乐于研究厨艺，她最清楚我喜欢吃什么菜，而且总是变着花样为我做一些新式的菜肴。好几次我午睡后醒来，看见奶奶戴着老花镜，坐在充满阳光的屋里，一边翻着菜谱，一边在上面圈圈点点，眼角眉梢装着满满的笑意，盛着浓浓的慈爱。我最爱吃奶奶煮的饭菜，并且常常痴想，是不是奶奶在菜肴里加了爱的调味剂？我从奶奶慈祥的笑容里，理解了那一粥一饭熬成的辛苦付出。

爸爸总喜欢默默地翻看我桌角那堆如山的资料，把他深沉的爱写进了工整的批注里。爸爸有一个厚厚的笔记本，里面整整齐齐地记着他搜集来的经典数学试题和精美的作文素材，笔迹一丝不苟，条理井然有序。他的桌子上摊满了数学资料或者《读者》之类的刊物。常见他或为研究数学难题而沉思，或为找到绝佳素材而兴奋。我曾在深夜醒来看到他拿着笔记本，面前摊着的是我没考好的试卷。我从爸爸用心的钻研中，感到了那一笔一画写成的良苦用心。

妈妈总喜欢默默地为我编织御寒的毛衣，把她细腻的爱织进柔软的衣服里。她不喜欢给我买现成的毛衣，认为那不够柔软且不很合身。她总喜欢用细细的、软软的毛线为我一针一针织着漂亮的衣服。

她永远清楚我身材的变化，胖了或瘦了，个子高了多少，胳膊长了几寸，妈妈总是细心地估量并记在心里。她怕我手冻着，总会将袖子织长一些；怕我腰凉着，总会将腰部的毛线换成粗一些的。妈妈的心思总是很细密，她的心里装着太多让我不易察觉的爱。我从妈妈织的毛衣里，领悟了那一丝一线织就的浓情暖意。

我总是被各种爱包围着，感动着。那些无声的爱，是我心灵深处甘甜的清泉，滋润着我，培育着我。那些爱，虽然平淡，却细腻执着；虽然沉默，却踏实温暖。

爱，经得起平淡的流年

许金幸子

我曾经以为，爱应该是轰轰烈烈、缠缠绵绵的；爱应该是疯狂的追求，应该是极致的浪漫。然而，在见证了父母的爱情后，我明白了：爱，应该经得起平淡的流年。

——题记

窗外下着雨，静静地看着雨滴打在窗户上，发出噼里啪啦的声响，然后再缠绵地连成线，顺着光滑的玻璃滑下。清爽的空气沁透人的心脾。

今天是星期天，刚好又是爸爸妈妈十五周年结婚纪念日，本以为今天一定会上演罗曼蒂克的剧情。爸爸一定会买一大捧玫瑰花吧？

妈妈一定会准备一顿丰盛的烛光晚餐吧？然而他们都像忘记了这个重要的日子，各自忙着自己的琐碎事情。于是我故意制造了一些"不经意"的小举动来提醒他们，先是把他们的结婚戒指放在床头柜上，又在上网的时候让他们来看漂亮的婚纱照，甚至还买了一朵玫瑰花插在茶几上的花瓶里。然而令我失望的是，他们依然各自干着自己的事，跟平常没有什么区别。

吃午饭的时候，我终于忍不住了，问道："你们还记得今天是什么日子么？"爸爸不以为然地说："不就是结婚纪念日嘛！"这回换我傻眼了。片刻的沉寂之后我又问道："你们难道不庆祝一下吗？"妈妈一边往我的碗里夹菜，一边淡淡地说："都老夫老妻的了，有什么好庆祝的！"

哎呀，真是一对不懂浪漫的人！

"下午我要去单位拿个文件。"吃过午饭，妈妈坐在沙发上说。老天开眼，爸爸总算关切地问了一句："下雨了，要不我开车送你过去吧？""不用了，现在油价也挺贵的，下午我自己去。"妈妈的回答让我觉得她简直是一个不折不扣的家庭妇女。

不行，不能就这么过去。一年就这么一次，怎么说也得庆祝一下吧。于是，我拿出了自己平时积攒下来的零花钱走出了家门。

雨一直在下，落在地上溅起一朵朵透明的水晶花。我买好了制造浪漫的各种物品，踩着水呱唧呱唧地往回走。在小区的门口看到了一对恩爱状的夫妇走在我的前面。因为雨大的缘故，两人挨得很近，那个女的将头靠在男人的肩上。"你不是说油价太贵了嘛，我就走着去接你了。"咦？这不是我爸爸妈妈吗？

我愣愣地看着他们的背影，似乎世界上的幸福都降临到了他们身上。我忍不住笑了，眼睛有些微微的湿润。低头看着手中那些制造浪漫的物品，突然觉得这些东西都是多余。

我笑着向他们追去，就让我这个不懂得真正罗曼蒂克的人为他们的爱情祝福吧!

浮华的爱情并不能长久,只有平凡朴素的爱情,才经得起平淡的流年。

月儿何时圆

周 博

夜空深邃,点点明星散落其间,引人遐想无数。只是天边的月儿缺失了一弯,一切都成遗憾。

屋里的灯分明醒着,好奇地望着桌边不倦的人影。伯父守在桌边,望着桌上热气全无,色泽黯淡的汤菜,桌边未动的碗筷。穿过廊道,伯父的目光停留在前厅的大门上。那发出暗暗光泽的铜锁,迟迟还没有锁上,如同堂哥一样迟迟未归⋯⋯

今天堂哥来电话说要回家,引得伯父伯母一阵欢喜。伯母忙得在厨房进进出出。炒菜时铁器碰撞的声音,油四处跳溅的声音,掺杂着阵阵鲜香吸引着我。伯母的身影也没入烟雾中,隐隐见她不时用鼻子吸着,不时夹起菜来,细细咀嚼。伯父也加紧工作,赶着回家帮忙打点儿家务。连我都被伯母催着跑腿,菜市场,商店,小地摊。忙了一下午,终于做好了一桌菜。在桌上大理石的映衬下,圆形碗碟围成了花形,引得人凑过去俯首看花,埋头闻香。

晚饭时间如期而至,可门口迟迟不见那人影归来。我们只好围在桌边忍饿强坐,望着那桌菜慢慢失去"活力"。有时门口闪过人影,伯父兴奋地走上前去，结果却和邻居寒暄几句，便失望地回来，盯着手机上的时间一分一秒地流走。

抵挡不住黑夜的侵袭，夜幕终还是降下。伯父在门口向街道尽头望去，万家灯火下，一片通明。伯父终还是合上了大门，却不愿锁上那扇归家的大门，也许他还在期盼着什么，那样的不舍。

那夜伯父终没能等到堂哥，只是静静地坐在桌旁，望着桌上热气全无，色泽黯淡的汤菜。桌边仍是未动的碗筷。梳洗罢的我躲在被窝里，透过门缝依稀看到一丝光明。屋里的灯分明醒着，望着桌边不倦的人影。

堂哥第二天回来了。也许他不知道那一桌充满遗憾的菜，不知道前夜伯父母经过了怎样的等待与煎熬，团圆在他们心中有多重的分量。作为留守生的我，连这迟到的团圆都不曾有过。我梦想着，不只我在内，祖国的孩子们能和他们的父母在一起，吃着那一桌热气腾腾色泽鲜亮的团圆饭！而窗外是深邃夜空，点点明星辉映一轮丰满的圆月。

童年乐事

喻礼波

往事如同一百一十米栏，而时间如同百米跨栏的飞人刘翔。飞快地跨越着一个一个的栏，而令人最难忘的，就是第一个栏——童年。

那天，太阳如同一个炽热的大火炉，不断地向大地喷射着火苗，水面热气腾腾，连鱼儿都躲到水深处的石头里。地上放一根蜡烛，不一会儿就融化成水了，小草躲在大树身下，无力地垂着头。

"这么热，你把猪赶到河里去放一下吧。"爸爸望了望天，又望了望那喘着粗气的猪对我说道。"好。"我赶紧找了一根棍子，又跑到好朋友门前："徐刚，我们去河里玩吧！"

"等我一会儿"，说着徐刚就向他爸爸请示了，不一会儿，他一蹦三尺高地跑了出来。"走，我们今天玩点儿什么特别的。"徐刚提议道。"特别的？"我一时答不上来。

到了猪舍前，只见猎那两个粗吸管般的鼻孔，不住地出着粗气。怎么这么大动静？我仔细望了望这两个洞，难道里面卡住什么东西了？

会不会把食吃到鼻子里去了？我想了想，对，用手去捅猪鼻子，说不定能捅好。想到这，我便伸出两根手指朝它的鼻子里捅。说时迟，那时快，猪用力一喷，一下子把我喷成了个大花脸。

"哈哈哈！"我们俩大笑了起来。不一会儿，就把猪赶到河边了。"我们扒螃蟹吧，看谁扒的大。"我对徐刚说道。说完，我们便如同下锅的汤圆，迫不及待地跳入河里。

"找到了，找到了，快来看，看我这个有多大！"徐刚举着一只螃蟹对我炫耀着。大螃蟹？我兴奋地朝徐刚那边跑去，"啊！"我痛苦地尖叫了一声，脚像踩着了什么尖东西。

徐刚连忙跑了过来，我抬脚一看，好大一只螃蟹，足有我的拳头大！"抓住它，别让它跑了，这么大肯定好玩！"我叫喊道。

说完，我俩三下五除二地抓住了它。"嘿，还真够大的，太好玩了！"我兴奋地说。"嗨，我们用它来夹猪吧，猪一定会乱窜尖叫的！"徐刚指着猪说道。"这肯定很好玩！"我俩异口同声地说道。

说完，我去把猪赶了过来，徐刚拿着螃蟹朝猪的尾巴靠近。突然，猪一下尖叫了起来，冲向河边的林里，"哈哈哈！"我俩又大笑了起来……

时间匆匆，童年如出膛的子弹，已一去不复返。找寻童年乐事，只有在梦里，记忆里。每当路过那条河，眼前仿佛浮现出童年的一件件乐事……

妈妈，听女儿对你的表白

张 妮

嘿，妈妈，我想跟你说。

008

你喜欢我把头发全部梳起来，不留一点儿碎发，"女孩子这样看起来才会清爽"。我翻着白眼瞪着你："妈！这样脸会很大啦！"

你不知道什么是微博，什么是微信，有时候发个信息都得叫我帮忙，还爱听一些土里土气老歌："妮儿，帮我下一首《忘情水》。"我一边下一边忍不住吐槽："受不了啦，这都什么歌啊！"

你特别爱使唤我，还爱用冠冕堂皇的理由："快下楼帮我买包味精，像你这么大的时候我都会做饭了，你看人家谁谁和你一样大，她家，洗衣做饭都是她干。"我知道你眼中的我似乎有着数不尽的小毛病，倔强、脾气暴、懒散、贪玩、任性、要坐相没坐相，还是一个十足的手机控……

还有我是一个占有欲特别强的人，看到你抱着别人家的小孩逗他玩，我会滋生出小小的嫉妒，然后特别不耐烦地说："好，好了，去做饭啊，妈！"

我总把你为我做的一切视为理所当然。"妮儿，你的衣服我都放在柜子里了哦！""知道了，到时打开不就看见了嘛！"

那次你偷看我的日记，我和你大吵一架，我歇斯底里地吼道："你凭什么看我日记！""妈妈看女儿日记怎么了，又没什么见不得人的东西！"我对你恶言相向，不吃不喝，用各种幼稚方式报复你，"快听话，起来吃一点儿。"小时候不听话，你会用武力制服我，现在的你只是无奈摇头，在哪轻声叹息："还是不懂事，都这么大了还不懂事。"听在耳中却疼进心里。我也知道自己任性无礼也不优秀，只是凭着与你的一系血脉贪婪地享受着这么多年来你宽宏的爱。

是啊，你也会老，很多时候我总是天真地以为，却不知无数个来日方长里，并不是该在的都会在。那么多年你为我织过的毛衣，精心烹制着每一道我喜欢的菜，对我说的每一句话早已烂熟于耳的叮嘱，都在我路过的每一段时光里，给我带来源源不断的温暖与心安。

谢谢你，我亲爱的老妈。

009

老爸，你在天堂过得好吗

叶 清

亲爱的老爸：

您好！虽然我不知道您在另一个世界过得怎么样，但是我每时每刻都没有忘记您。这是第一次给您写信，因为当我学会写信的时候，已经没机会了……

我真的有太多的话想对您说，但是没机会。我只好在家里对着您的照片说，边说边哭。现在就让我借着这个机会，倾诉对您的思念吧！

老爸，五年了，我经历了许多困难。有时我也会哭，但是哭过以后，我也会擦干眼泪去克服困难！

现在的我懂得许多事，长得都快有老妈高了。弟弟也长高了，懂事了，期中考试还考了全班第一。您一定会为他骄傲的，对吧！不过我也会好好努力，成为您的骄傲！

老爸，您还记得门前您种的两棵樟树和门后您种的十棵松树吗？您走后，松树却只活了一棵。噢，还有屋旁的一棵栀子花树。还好它们都长得很高。不过，有时一些熊孩子会爬那两棵樟树，我总是拼尽全力和赶走他们，因为我怕他们会弄坏小树，您会生气的！那时，我站在树下，怀念您的笑容……

老爸，还记得小时候我不听话，您就去摘樟树枝条来打我，当时我哭得撕心裂肺，但最后替我擦药的总是您。您走以后，每当弟弟做错事时，我也会像您那样严厉地管教弟弟，让他长记性，不再犯错！

老爸，有件事一直藏在我心里。好想告诉您……

那是一个炎夏，太阳恶狠狠地烘烤着大地。正好是农民们忙碌的时候，我和弟弟一起放学回家。回到家里，我俩的肚子饿得咕咕叫。可是妈妈却还在田间辛苦地忙碌着，没有回家。我就自告奋勇地对弟弟说："今天我做饭，你在旁边看着吧！老姐我一定给你烧一顿大餐！"弟弟明显不信，但是又很饿，只好无奈地说："那你要弄好点儿，不然我就不吃了！"我强装镇定地说："那，那当然！你先去冰箱拿四个鸡蛋，我去切土豆。一会儿就好，包你满意！"

半个小时过去了，我在厨房忙得满头大汗，终于大功告成！"开饭啰！"我喊弟弟来吃饭。弟弟只看见餐桌上有一碗炒鸡蛋和土豆片，质疑道："姐姐，你不是炒土豆丝的吗？怎么变成这么厚的土豆块！这菜熟了吗？"我尴尬地笑着说："土豆丝太麻烦了，有得你吃就不错了，还挑三拣四！"这一天，弟弟说我炒的菜特别好吃，妈妈也是这样说的，可能是因为他们太饿了，或者是为了安慰我！我知道，其实第一次炒菜的我，能把菜炒熟就不错了，那是谈得上什么好吃！但是，我们一家人在一起，吃什么都是美味！如果老爸您也在就更好了！您还没有尝过女儿烧的菜呢！

老爸，那已经是四年级的事了，从那以后的，我常会主动地去炒菜，说不定哪一天我的厨艺就可以和您相比了。您在天堂会不会感到一丝欣慰？

现在，我很独立。每当星期五我回家时，就先找老妈，告诉她我在学校里的情况，讲述着在学校放生的新鲜事，和妈妈聊天，让她不再孤独。我也不知道这些事您都有没有看到。

老爸，上天为我关上了一扇窗，失去了您；为我打开的一扇窗，让我提前学会坚强和独立。我有时也会哭，但是请您相信我，哭并不代表软弱，而是我坚强了太久，想放松一下！老爸，我会加油的，也希望您会在另一个世界默默地注视我！老爸，您和蔼的笑容将永远在我心里，永远不会褪色！老爸，爱您！

此致
敬礼！

爱您的女儿：叶清

爱，经得起平淡的流年

妈妈的长发

何若曦

关于妈妈的记忆大都已泛黄，最真切的还是她的那头长发。

妈妈最爱洗头。梳洗罢，她便披散着头发，独倚在窗边，阳光禁不住将目光停留在那袭瀑布上。风儿拂过，那长发便像水流一样飘逸，千万阳光的焦点在闪烁迷离。我那时惊奇，直泻而下连骄阳也流连的黑色，定是妈妈最喜爱的东西。从很小时，那袭瀑布一直吸引着我。

屋后的田里也是有老鼠的，偶尔看见了，我便用泥块赶它。有一次有小鼠入舍，我初见它时大叫了一声，妈妈闻声而来，见状，抄起锅铲打小鼠。那老鼠机灵地跳着，从盆里到篮里，那晶亮的小眼睛，好得意。看见此景，我想起了猫捉老鼠，便觉得有趣。但是妈妈紧紧地护在我前面与它搏斗。我便埋进了妈妈的长发里，面部好像有丝缕清水流过，清凉而柔顺。那次，在妈妈的背后，水一样的世界里，呼吸到了新鲜空气。

我惊奇同时不解。妈妈的长发有时会离奇地短了许多，发烧也硬生生的，参差不齐。我疑惑妈妈不爱她的长发了吧？妈妈呢，也无痛惜之情。这样几次，头发如碧嫩的小草一般，生之而灭，死而又生。终于，有一次我在街上看见妈妈与一个陌生人在说话，那个人给妈妈钱。我过去发现妈妈的头发又只到肩部，硬生生的参差不齐，失去了水漂过的轻扬与生机。我明白了妈妈把头发卖了。也许是为家用，舍弃得毫不吝啬。

屋后有片田，原是土屋被拆，那你便全是泥土，还未到动工的时候，妈妈便在这里种些小白菜之类的。一次他下了一把绿豆，浇水施肥时，我也在旁玩，搓着泥土细末，撒在苗上。时间儿也飞梭一般，绿豆结了荚，阳光浓烈时，便噼里啪啦炸开几荚，妈妈也应得收了一盆绿豆。我欢喜着要吃，妈妈叫我把豆子泡好。我用锅装了一大盆水来，把那盆豆子哗哗全倒入水中。霎时，豆子一个接一个钻入水中，一个溅起的水花马上又被另一个压住。妈妈来时，眉头不由得缩了一下，只是说："做饭了！"那天晚餐我还是吃到绿豆饭，但却心生内疚，后来才知道，那盆绿豆够吃一个星期的，结果我都泡了。吃不完，又不能放着生霉，害得妈妈把豆子拿去分给左邻右舍。天气渐热，她扎起辫子，盘成一团在脑后，让人觉得很不堪。

妈妈不在身边，她现在怎样了？那头长发，在我日渐思念中变得愈发黑亮，柔顺，牵引着我的思绪。

打 糍 粑

董方怡

除夕的夜幕渐渐降临了。谁家的烟火在空中绽放，仿佛跳跃的星子，又如调皮小孩子的眼睛一眨一眨的。

我刚吃过年夜饭，忽听门外传来阵阵喧闹。急忙推开门，只见村里的人们都出来了。正好奇有什么热闹事，突然想起除夕要打糍粑。不一会儿，奶奶拿出蒸好的糯米，招呼着："哎哟，都来呀！先来我家打糍粑啊！"

我看到爷爷和爸爸抬出一个大家伙，"砰"地往地上一放。这大家伙可不轻，全身都是硬邦邦的，只有中间凹下去，好像是一个大石桶。奶奶告诉我，那在农村叫"地窝子"，是打糍粑必需的工具。打糍粑需先将蒸好的糯米放进去，再用棒槌一棍棍舂，直到糯米变软。平常打好一块大糍粑，至少需要一至两小时。只有打好的糯米足够软，做出来的糍粑才能香甜可口。打糍粑讲究默契、速度，只有好好配合，才能打出好糍粑！

打头阵的是爷爷们，第一棒很关键，要打好基础，自然由经验丰富的老一辈胜任。他们开始配合还不太默契，后来慢慢找到感觉，两人你一捶，我一捶，速度快、效果好，看得我们在旁边一个劲呼"好！"等到爷爷辈体力不支，大汗淋漓时，便一齐退下，让位给别人继续。末了，还双手抱拳，意思是：承让。再到另外两个爷爷辈时，我发现他们不再是从中间舂起，而是从边缘一圈圈舂。奶奶说，那是因为等中间大部分糯米变软后，糍粑也完成了一部分，只需要再把旁边的再进行加工，就行了。

轮到爸爸这一辈的人上任时，那可是个个摩拳擦掌，信心十足。可棒槌入手第一下，爸爸的脸色就变了。原来，糍粑黏性很强，不使点儿大劲儿，还真就拉不动。看着爸爸打糍粑的样了，我和妈妈在旁边止不住偷笑。

偷偷告诉你，其实我也试过，但是太黏根本拉不动。不信，你也试试吧！

致我的夜

孙天衡

当夜幕降临，华灯初上时，你可曾停下你那匆匆的脚步，驻足在我通明的窗户前，深深地看上我一眼？我可是端详你好久了。

当我乘上返乡的列车，头也不回地驶进了漫无边际的黑暗里。那铁轨发出的阵响，就好像你的次次心跳，泵压着我的血液。远处城市的霓虹交错，或远处几点儿乡村房屋里射出的灯光，才使人们不过于恐惧。透过明净的玻璃，我看到了外面的万家灯火和自己的叠影。我想，这是你眼中的永远吧！只可惜这灯火不能完全照亮你的心。

熄灭了灯光，夜的脚步近了。静静坐着，就感到你加快了我的气息。窗外只有几许星光。这样的夜，也许是你的本质吧！你不喜欢吵闹，却因为虫鸣心变得更加平静了。我能从你深邃的眼中看出什么？淡淡的忧愁中夹着微凉的风，月光轻轻落在你身上，你没有退避。你可曾感到过孤独？在繁华的街角你只能隐没在周围的阴暗里，即使是你所爱的东西，你也只能在深夜里轻抚。我有多少次，听到你的梦呓，伴着浅浅的呼吸声，你就像个孩子。啊！我的夜，即使是在深夜，人类历史上也会有人彻夜不寐。李白在花间独醉，苏轼在月下徘徊。你可曾看到多少不寐的人儿啊，在静听你的心跳！

啊，我的夜！我端详你好久了，只是记忆中我们未曾亲密过。在我入梦的时候，你一定要来，把我拥在怀中，让我静听你的心跳声！

药里有种成分叫父爱

叶芷婧

听母亲说，我从小体质就弱，稍微受点儿风吹草动的就会发烧，而一发烧，喉咙便开始肿大，直至不能进食。

这样，背着我上医院打青霉素便成了父亲每天的做农活前要做的第一件事。

由于长期使用青霉素，我的身体对其逐渐产生了抗体，以致后来发烧时，医生用药的剂量由二三针增加到六七针。

医生还告诉父亲，我的这种病是从母体带来的一股热毒，根本没法根治。但父亲从来就不相信，为了治好我的病，没多少文化的他竟买了一些中医药方面的书籍自个儿研究起来。他对母亲说："既然医生说孩子身上带了一股热毒，我们就挖一些清热解毒的草药去一去孩子身上的火气。"

在我记忆中，那段日子父亲刚忙完农活，就又扛着锄头到离家十公里的公子山去挖草药。听父亲说药性好的草药一般都长在深山里，有时为了寻找书里所描述的药，他必须先砍掉大片荆棘才能找到。

有一次，到了晚上九点钟，父亲依然没有回家，六神无主的母亲便拉着我们兄妹几个点着火把去寻找父亲。当我们来到公子山的半山腰时，父亲听到了我们的呼喊。原来，父亲为了去采一些悬崖边上的金银花，一不小心踏空了，从一棵松树上摔了下去。父亲当时呼叫了好几次，却没有一个听到。

当一家人把父亲拉上悬崖时，父亲的脸上、身上到处都被划出了一道深深的血印，被摔伤的左手红肿得像个刚出锅的包子，却死死攥着一些采来的金银花。看到家人，一天未进食的父亲笑了："我还以为要在这个悬崖脚下待上两三天呢！"父亲一笑，脸上那些刚刚凝固的血痂又拉出几滴鲜红的血液，顺着脸往下流。回家的路上，除了父亲，全家人都是边走边哽咽。

父亲摔伤的左手，半个月才渐渐消肿痊愈。但就在这期间，父亲还坚持去公子山挖草药。

很快地，父亲从山上挖回的树根和采回的树藤，摆满了家里的整个后院。看到这些根根草草，母亲很是担心，生怕父亲挖回来的药，不仅治不好我的病，还会把我的身体毒坏。父亲也有同样的担心，于是一服药熬好后的第一个喝的总是没病的父亲，他喝下去如果没事，第二天才会让我喝。

一次，父亲在喝完一种新药后上呕下泻，呕得两个眼圈直凹陷下去，没过几天整个人都消瘦了一大圈。心疼的母亲把父亲的药罐子藏了起来，再也不让父亲去研制草药了："你这样，不仅孩子的病没治好，还把自己的身体搞垮了，以后一家人可怎么活呀！"

固执的父亲却并没有因此而选择放弃，等母亲出去做农活了，他又开始用家里的饭锅煮他的草药。

精诚所至，后来我一次犯病，竟然真的不用打针了。只要喝了父亲熬制的中草药，就会奇迹般的慢慢好起来。慢慢地，父亲的药也变成了我们当地的一种秘方，不仅可以治好我从母亲体内带来的热毒，还可以医治其他孩子内火引发的一些疾病。

就这样，父亲的草药一直伴着我成长，直到我后来到离家几百里外的城市求学，才离开了父亲的药罐子。

在学校里，我发烧时只能在学校的医务里跑。一次，因发烧引起扁桃体发炎，咽喉痛得无法吃进一点儿东西，在医务室打了整整一个星期的点滴也不见好转，吓得班主任连忙给父亲打电话。

第二天凌晨两点多，迷迷糊糊的我突然听到外面有人敲门，宿舍里的同学打开门，我看到的是被雨淋透的父亲给我送药来了。父亲是连夜乘火车于凌晨一点到达学校所在的城市的，此时公共汽车也停开了，父亲就一个人提着一袋药，匆匆走了二十多里的夜路来到学校。

来到宿舍已经是深更半夜，宿舍里没有热水。摸着我烧得发烫身体，父亲不顾一路上吹着冷风，把我那双瘦小的脚放在腋下的时候，我的眼泪情不自禁地流了下来。

第二天，父亲又得赶回家，在上车前父亲乐哈哈大声告诉我，现在他的药加了一种保鲜剂熬好了用可乐瓶子装着放一个月都没事！

看着父亲的笑脸，我陷入了沉思。我想：父亲配制的草药之所以能让我药到病除，里面除了父亲用心良苦寻找的各种药材以外，其中一定还有一种特别的成分，那就是父亲对我的深深的爱！

018

做一回最好的我

徐亦能

我紧紧握住的双手，又松开。

几分钟前，老师突然将我叫到办公室，"学校要表演六一节目，有位同学有事，你要不要展示一下自己？"我愣了，我一直是班中的一名普通学生，这种事情怎么会到我身上呢？面对老师期待而挑剔的目光，我却又犹豫不决了。

其实，我是非常喜爱朗诵的，我也多么想在众人面前展示啊！这次机会来得那么突然，但我却那么紧张——老师，同学会认可我吗？要是失败了，那多么丢面子啊。

既然想要表现，那就接受，错过了，下一次就遥遥无期了。做一回最好的自己，有什么不好呢？爸爸妈妈得知后都鼓励我。老师喊上我与另三名同学走在去办公室的路上，那三位有说有笑，只有我，心中异常紧张。手紧攥着衣角，布满了冷汗，腿也有些僵直，走路都觉得别扭。那不时传来的笑声也像在讽刺我。我忍不住后悔起来。但是，我已决定做一次最好的自己，怎能退缩？我深吸一口气，推开了门。

一张素白的纸飘到我手中，我顿时被那上面的文字吸引了。一篇多么美好的诗啊！恰似如花似玉的我们，无忧无虑。我发自内心地爱上了它。我相信，我一定，也必须将它朗诵得最好。

我们四人面对着墙，开始排练。没想到，我竟被安在了第一个我有些发抖，在老师的指示下，向前跨一步，清了清嗓子，缓缓读了起来。可是，情况与我想的大不一样，声音怎么也放不开来，也不熟练。看着其他同学那娴熟地朗读姿态，望着老师那不满的目光，我难受极了。真想找个地缝钻进去。

回到家，我赌气地将诗稿狠狠地摔在沙发上，跑到房间，将头钻进被窝里，如同一只鸵鸟，将所有的困难隔在外头，不再面对。"想要成功，把一件事做得完美，可不是那么容易的，你要付出许多努力，可不能放弃。"面对妈妈的谆谆教导，我恍然大悟。重新拾起纸张，走的镜子前……

多少个夜晚，我独自一人站在镜子前，练习着发音，一次又一次，只有镜中的女孩注视着我的付出，无声地告诉我：要做最好的自己！

　　终于，我期待那一天来临了。面对无数双眼睛，我还是感到一阵眩晕，但我没有犹豫："童年，是一首清新的歌，我用稚嫩的双手，把日子谱成一串串音符在指尖跳跃。"伸出双手，仿佛真的将无形的音符捧在手上，又将擎在高空中的手握紧。

　　我再也不会松开，这一次，我终于抓住了。以后，再面对那些机会，我不会再犹豫。我知道，我也许不是最完美的那一个。但今天，我展现的一定是属于自己的最好的那一面。

　　我笑了，做一回最好的我，这一次，我真的成功了。

"牛人"课大开讲

周宝华

　　咱班"牛人"个个身怀绝技，稍有不防就在你面前大显身手了。下面，以我命名的吾班"牛人"大讲堂现在开课！

　　先说咱班唱歌最"牛"的她吧！就在今天的音乐课上，老师让我们唱歌，先是两名男生唱了，于是老师想让咱班女生唱，可是没有一个女生上去。于是在老师火冒三丈堪比图图老妈气势的威胁下，全班特不义气地把她"卖"了。当她在班上一展歌喉之后，班上响起一阵热烈的掌声，连老师都调侃道："咱班女生还真是深藏不露啊！"

　　再谈谈咱班的"最强大脑"！他自读小学以来啊，各科成绩就独宠他一人，学渣们对成绩说："一定要雨露均沾。"可是成绩啊，

非但不听，还变本加厉，就宠他一人。每次考试都是第一，上课的时候活生生一个"点赞收割机"。只叹人生风光无限好，全都被他遮住了。

最后再谈谈咱班长吧！别看他"肥"又"壮"，长得一副"朴实"相，其实特喜欢玩阴险招。虽然这样，我们还是有人"独宠"他的，比如咱班班主任。每每上数学课时，总少不了一场"师生交流"，他刚来咱班的时候，数学成绩并不好。但他现在的数学成绩如芝麻开花"蹭蹭蹭"地往上飚，如今的数学课仿佛成了他的主场，不管多难的题目他都能大显身手。同时他也算是一个"好"清洁干部，轻则批评，重则罚跑十圈，人见人怕啊。所以我们班总是"最清洁班级"的常客。

好，今天的吾班"牛人"大讲堂正式下课！

我们都在路上

尹婉琦

> 我们总是要走很长很长的路，才能到达心中的目的地。
>
> ——题记

开始的开始：路才刚刚启程。

你还是否记得曾经你稚嫩的笑脸，伸出手来找妈妈要糖果吃的模样？你开心地大笑露出刚刚长出来的牙齿，委屈时假装生气嘟起健康红润的小嘴巴，那时的我们刚刚体会到这世界的美好，知道了阳光是温暖的，空气真的是很清新，喜欢一切色彩鲜明的事物，喜欢用清澈的眼眸打量这个世界。后来我们学会了走路，就踏上了成长这一条路。刚开始，一个脚印一个脚印往前走，这时，伸出一双温暖的大手，然而，你倔强推开，一脸正义凛然，气鼓鼓地说："我不是说过我要自己来吗？"大人总是笑咯咯地说你长大了，你确实长大了，还踏上了成长的道路，路就要启程了，只是你自己还不知道吧。路途跌跌撞撞寻寻觅觅……

渐渐地适应：前所未有的体验。

当你跌跌撞撞走到这儿的时候，你会回头看看来时的路还是张望远方呢？我们整齐佩戴红领巾，按时到校老师好，小手举高高。都会有一个不可触及的梦："黑！我是女侠！""那我是铠甲……"原来心中都有一种情愫，后来才知道："哦！那原来是梦呀！"当我们学会前行，学会享受的过程，那路的前方就都不是黑暗了。我们都在成长这一条道路上摸爬滚打，接受所给带来的一切感受。路途黑暗无边，逆风前行……

慢慢地尝试：尝试正确的方向。

有一天，时间偶然发现，原来的自己还会嬉笑打闹，现在的你埋头刻苦。你体会到的世界是另一种美好，花的另一种盛开。换下稚嫩的笑脸重新整装待发，一脸傲气凛然，在这个逐渐走向长大的阶段中，做任何事情都是没什么，我无所谓……"但说完又转身进入最好的学习状态。追梦的人啊！儿时说好的梦呢？现在还会追吗？"梦的方向叫作闯，前往梦的方向踏上的就是成长之路，就像是《魔女宅急便中》魔女的修行之路，面对的是困难与未知；《童年》里阿廖沙走向"人间"道路而体会到的痛苦与丑恶；《盗墓笔记》中吴邪的苦苦等待所遇见的正是无法预测的危险与人心叵测，"十年之路两茫茫"。我们穿越迷雾，走了很长的路，但这不算完，我们总追寻最好的结果都不是遥远孤独的结果。路途挫折无感……

从开始到后来，我们都在成长这一条路上，学会独立，学会坚持，学会忍耐，学会宽容……赠予你一句："小妹妹你大胆地往前走，莫回头，十年之路莫回头，平凡之路莫回头。"没有终点，我们还在路上，我真希望我们一直都在路上。

爱在乡间

喻婷婷

窗外的雨声淅淅沥沥，此时此刻，房间里柔和的灯光洒在蜷缩在桌角的一张照片上，照片上粘着些许灰尘，看来，这张照片有些时候了。我拿过那张安静的照片，擦了擦上面的灰尘，照片上一老一小幸福地依偎在一起，外婆的笑容是那么慈祥，暖了我的心窝。

望着照片，我的思绪轻舞飞扬，想起外婆小时候对我无微不至的照顾，而我，却好像许久没回去看过外婆了。

相比于城市的喧闹，我更喜于家乡的宁静。家乡绿绿的草地，清新的空气，是城市不曾有的。

而我对外婆的回忆，也是城市不曾有的。每次夕阳西下时，我就坐在芳草地的大石头上，玩弄着麦穗儿，等着外婆和蔼可亲地喊我的名字，我便欢喜地朝她跑过去，扑进她的怀里，然后便和她一起坐在长满青苔的石头上，让讲故事给我听。夕阳慢慢落下，我们祖孙俩融合成一片夕阳红，陶醉在芳草地上……

我慢慢抬起头，思绪从回忆中走出来，转眼间都过了这么久了，不知外婆在家乡可还安好。

这几天小长假，我决定明天一早就去看看外婆，去家乡休息几天。

当汽车停靠在小路边，我的心莫名地安定下来，下了车，一股只属于乡间的气息扑面而来，夹杂着雨后泥土的清新，舒畅极了。

远远地就看见外婆忙碌的身影，却不似从前那般矫健了，只见她步伐蹒跚地朝我走过来，定定地望了我许久，好像不相信是我回来了。当看到孙女真的回来了，她开心得像个孩子，忙这忙那，只为了做一顿让我满意的午饭。

饭后，我提议去草地散散步，外婆当然满欢心喜地答应，可一段从家到草地的路程，我们足足用了半小时。我莫名地鼻子一酸，感叹外婆真的老了，望着她满头花白的头发，眼眶不知不觉湿润了。

草地似乎依旧没变，那满眼的碧绿总能让人觉得惬意清爽。微风清清爽爽，地面上的雨水已经无影无踪，到处翠色欲流，轻轻流入云际。阳光洒在草坪上，更增添了一丝柔美。

我找到记忆中那块长满青苔的石头，缓缓坐下，外婆也坐在我旁边，这一刻，似乎时光倒流，我们又回到了从前。这次，换我给外婆讲故事！

我给外婆讲了许多我在城市里的故事，外婆静静地听着，像个听话的学生在听老师讲课。天色渐渐变晚，气温有些凉意，外婆把她的大衣披到我身上，再次温暖了我的心窝。这幅场景美得好似一幅画，而这幅画将永远定格在我心中，铭刻在我脑海里，成为永久的记忆。

假期即将结束，我也要回到城里上学了。记得临走时外婆那依依不舍的眼神，她一直望着我上车的背影，站了许久。

我上了车，靠在车窗旁，耳机里响起西单女孩的《外婆》："蒲公英的花，我的话。请带到外婆她的家，她是否能感觉到，听得到，我正在祝福啊……你对我的爱，我的爱，忘不掉你的手好暖，牵着我走过了一段又一段，幸福的年华……"

也许是这首歌触碰到了我脆弱的神经，那些在外婆面前没有流下的眼泪，此时此刻竟夺眶而出……

给爸爸的一封信

段嘉星

敬爱的爸爸：

许久以来我有太多话都藏在心里，一直没有告诉您，话到嘴边却咽了下去，今天借这无声的语言，我想向您倾诉藏在我心里的秘密。

"读书读得好，享福的是你；读书读得不好，受累的可是你自己。你读书我还为你付生活费，可你不读书，一切就只能靠自己了。知识是存在你的脑袋里，别人是得不到的，所以你要好好学……"您的这些话一直都印在我这不记事的脑袋里，您是不是觉得我总是左耳朵进右耳朵出，我对此感到很抱歉，因为只有这样才能掩盖住我的空虚。我成绩不是很好，听了您的这番话更是让我无地自容。爸爸，谢谢您一直为我操碎了心。

日出日落是亘古不变的规律，而您为了这个家，为了我，早出晚归也成了您生活的规律，您比我这个上学的学生都还起得早，晚上比我回来得还要晚，看您这么辛苦而我却什么都为您做不了，都怪我自己太没用了。我还埋怨您一年攒不了多少钱，劝您还不如去开个门

025

面，又轻松，赚钱也不少。后来我才从妈妈的口中得知，家中一年的开销太多，而且现在门面生意竞争又大，根本赚不了多少钱，您虽然不是最会赚钱的爸爸，可您却是最辛苦的爸爸。爸爸，谢谢您为我流过的汗水。

"咳咳咳……"这是您每天早晨起床时一定会发出的声音。您总是常年咳嗽，让您去看医生您不愿意，您总是不爱惜自己的身体，不舍得往自己身上花钱，可您对我总是出手大方，怕我吃不好，穿不暖，我一说缺什么您总是毫不犹豫地帮我买来，我多么希望您能对自己好点儿，自私一点儿。爸爸，谢谢您一直以来对我的慷慨。

您为我们建造了一栋温暖的房子，而您把最温暖的那个房间留给我，自己却在风吹雨打中干着泥瓦匠，谢谢您一直无私地奉献自己。

我爱您，爸爸！

祝您：身体健康，万事如意！

您的女儿：段嘉星

感恩父亲

刘千喜

"总是向您索取却不曾说谢谢您，每次离别总是装作轻松的样子……"筷子兄弟的《父亲》还在耳边回旋，我的脑海里显现出爸爸的身影，我想起了这个家。那是父亲用一砖一瓦搭建起来的家。

小时候记忆中的家是个小平瓦房，笨笨的大木门在开关时会发出

"吱呀"的声音，好像个老人在咳嗽，它已经老了。与它同辈的土砖上早已长出了许多青苔，却无法遮掩它深深的皱纹，但它陪伴了我好多年。后来家乡发生了变化，同村的老瓦房渐渐被新的高楼所代替，我知道曾经那为我遮风避雨的"老瓦房"也要消失了。

爸爸是个平凡而普通的瓦匠，为了家里的生计而被迫去遥远的大城市打工，每年都难得见上一次面。为了给我们筑造一个遮风避雨的新家，他回来了，回来用他的双手重新搭建一个新房子，那也是我第一次知道，原来爸爸是如此辛苦。为了能赶在寒冬来临前让我们住进新家，爸爸在夏天顶着毒辣的太阳工作，每天都挥汗如雨。尽管这样，晚上他也是打着灯连夜赶工，我不知道他休息了多长时间。

终于，在爸爸的辛苦工作下，我们在寒冬到来之前住进了新房子。墙，是雪白的，光反射在爸爸黑黝黝的脸庞上。我永远不会忘了那一年的夏天，那个在电灯下的黑黝黝的脸庞。

后来，我渐渐长大，爸爸决定留在家里。可村里很少有人找他做新房子，泥瓦匠的活少了许多，于是爸爸只能去另寻他路了。

爸爸决定去搞养殖，在离家不是很远的地方承包下了几亩池塘。那里离繁华的街道很远，一切显得是那么安静，每日傍晚的火烧云把天空映得火红。对于无所事事的我来说，那里似乎有些无聊，但我一直很开心、幸福，因为我总能跟着爸爸在田野里找到乐趣，或是在塘边去欣赏美丽的荷花。站在高高的土坡上，放眼望去，一切都显得那么轻松、愉悦。

爸爸啊，你用辛勤的汗水筑起我们幸福的家，你用宽厚的臂膀为我撑起一片蓝天。

爸爸，谢谢您！

定格在记忆里的画面

　　生日派对上，我们闹啊，笑啊，歌声、笑声飞出窗外，和谁家的烟火一起跳跃……不知谁的脸被涂抹成了小花脸，也不知谁哼唱的生日快乐歌唱走了调，也不知谁在得意中散了头发，也不知自拍时谁被揪住了小耳朵，但我知道那一晚充满了无比的快乐与温馨。

过年琐忆

向明珠

盼望着，盼望着，春天的脚步近了，寒假长假来了。

在腊月二十八的晚上，脑海里想着那阔别已久的姥姥，听舅舅说，姥姥患有老年痴呆症，对一些事都忘却了，我的心里隐隐不安，姥姥会忘记我这个大外孙女吗？

030

腊月二十九的清晨，一家人便屁颠屁颠地去大悟山区的姥姥家，一路上的我闷闷不乐，心中像压着一个大石头，这种心情陪伴了我一路。车上的人们欢声笑语，心中都憧憬着那远乡。只有我在那阴暗的角落，用无声的眼睛看着窗外的风景，挺拔的大树还在寒风中屹立，仅存的几片枯叶在风中舞动，路上人来人往，更让我想立马看到姥姥。辗转反侧，我已到了门外，我用我那眯眯的小眼睛向门口望去，当时，姥姥在风中屹立着，她那银丝般的白发在风中舞动，是那么亲切。"宝宝……"这熟悉的声音传到耳边，心中的大石总算落下，在寒风中多了一丝亲情。

在三十的晚上，舅舅、小姨们也从大老远的地方赶回来，一瞬间，屋子里塞满了人不同的口音叽叽喳喳地说个不停，有大悟的、河南的、广州的，时间在一片欢声笑语中流逝。"现在开始倒计时，3，2，1，新年快乐！"我赶紧催促着舅舅放烟花，哇！今晚的夜色真美。砰！砰！砰！五彩绚丽的烟火在响声中升起，又如一顶顶降落伞，在风中摇曳着迎接新的一年，新的奋斗，新的希望。

大年初一，早早地起床了。看见舅妈她们在做饭，我便兴冲冲地跑过去："舅舅，舅妈，新年快乐，希望你们在新的一年事事顺心，身体健康，工作顺利。"话音未落，一个大红包塞在我的怀里。拜完年后，一大桌好菜吸引了我的目光。哇！有粉条鸡汤、排骨藕汤、香辣白菜、糖醋鱼、卤猪蹄等；还有果汁、牛奶、红酒、啤酒、雪碧，好不丰富，推杯换盏的。经过一个小时的混战，吃得心满意足。随后便等着夜幕的降临。不久后，夜幕降临，小孩们便蜂拥而至，跑到屋外放鞭。我的手在颤抖，放鞭我又害怕，不放又不好意思。只能硬着头皮扔了，啪，啪，啪，把我吓傻了。孩子们将鞭埋在沙里，丢在水里，放在瓶里，可真无奇不有，就这样在一片欢声笑语中度过了愉快的夜晚。

大年初三的傍晚，下了一场大雪，冻得我瑟瑟发抖，可又控制不住我自己，又受表弟们的蛊惑，只能乖乖听话了。我们将雪捏成雪球，打雪仗，脸被冻得通红却不感觉冷，粉红的羽绒服上挂满了雪花，仿佛这个世界只有我们几个。回家后，衣服全湿了，免不了要挨骂，不过也值得哈！

时间总在快乐中流逝，转眼间就要告别久别重逢的亲人，踏上回家的旅途，时间飞转，何日能再见我那略患痴呆的外婆呢！

定格在记忆里的画面

董方怡

窗外淅淅沥沥下着小雨，路上的行人都撑着伞，走向各自的目的地。我趴在窗台上，望着楼下行人的身影，他们的伞构成了一幅移动的五色图，可我没空欣赏。

今天是我的生日，本应该与父母、朋友一起度过的一个美好的日子，我却只能待在空荡荡的房子里。我不禁想起，在一个金碧辉煌的大笼子里，美丽的金丝雀衣食无忧，可它们并不在乎这些，它们拼命地找寻出口，希望重获自由。

我垂下眼眸，挡下一片黯然。倒在床上，将脑袋死死埋进枕头，放空思想，渐渐进入梦乡，真希望能和美丽的仙子一起共赴蟠桃会。

"丁零……丁零……"是谁，谁在敲门？真讨厌！

我用手拂拂脸颊，应声："来啦！稍等。"随手推开门，外面一片黑暗，只有一只被惊动的猫从窗口翻了下去。"没人啊，果真没睡醒。也是，这么晚，除了你爸妈，谁会来找你呢？"我自嘲地笑笑。

正欲关上门，门却拉不动；我猛地一转身，只见一个大蛋糕映入眼帘，伴随而来的是齐声的"生日快乐！"

眼前是我最好的朋友，她们双手捧着生日蛋糕。

"你们怎么来了？"我按捺不住自己的愉悦。

"笨蛋，当然是给你过生日咯！要不是伯父伯母告诉我们，你还真准备一个人啦？"她们噘着嘴，带着假假的嗔怪。

原来我没被忘记吗？真好……

生日派对上，我们闹啊，笑啊，歌声、笑声飞出窗外，和谁家的烟火一起跳跃……不知谁的脸被涂抹成了小花脸，也不知谁哼唱的生日快乐歌唱走了调，也不知谁在得意中散了头发，也不知自拍时谁被揪住了小耳朵，但我知道那一晚充满了无比的快乐与温馨。快乐的时光总是太短暂，离别的时候我们依依不舍。在楼下，就着月光和没有散去的欢乐，我们五个照了一张合影。抬头望天，默默地把这一刻记在我的脑海里。

忽然，窗外急促的雨声惊醒了我……

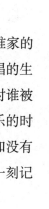

诚信金不换

033

甘梦涵

那天，我去家附近的超市买零食，店主是一个四十多岁的男人，身材不高，身体发胖，额上的头发略微秃进去一些，眉毛浓黑而整齐，只是一对眼睛有点儿小。选好东西后，我抱着那大包小包的零食来到收银台，全倒在那个柜子上。男人瞄了一眼零食，手在计算器上快速按动着，发出"滴滴"的声音。"一共十二块钱。"男人用塑料袋装好零食后递给我，眼睛却没有直视我，一直望着柜子里什么东西。

我来到离好家超市不远的河边，坐在田埂上，开始翻袋子里的零食。突然，我的心头一震，这袋里的东西这么多，怎么可能只值十二块钱？于是，我把所有零食倒在田埂上，一包包地算，没想到却算出了十六块钱！怎么办？是去超市把事情说清楚，再把少的钱补上，还是直接回家？当我起身准备再去超市时，脑海中萌动的一个想法阻止了我的脚步：还是不要去了！好不容易能赚一笔，这可是一个好机会啊！可是，又想到诚信对于人的重要性，我又不安起来，经过了一会思想战斗，最终我还是决定将事情给那人说清楚，然后再补上那四块钱。

进了超市门，我径直走到那位老板面前，小声说："老板，您算错了。"我低下头，不敢看老板的眼睛。老板没有说话，我抬起头，发现他惊慌地拿出计算器，吞吞吐吐地说："哦……对……嗯……好像是算错了，我……我马上重算一遍！"他接过我手上的东西，又重新算了一遍，计算器发出的"滴滴"的响声，明显比刚才急促了许多。

"哦！一共是十块钱。对不起啊！小朋友，对不起啊！"他脸上露出了笑容，那笑，让我很难捉摸。我接过钱，什么话也不说就跑出了门。

回到家，我又重算了一遍，的确是十元，刚才是我算错了，不知道为什么，那零食我感觉变得不好吃了……

原以为是我差点儿失去了诚信，原来是那位老板欺骗了人。他用虚假骗取了真诚，他之所以能欺骗别人，是因为他能骗到的，全是相信他的人……

从此，我再也没有去那儿买过东西，而那家超市也并没有开很久，几年后就没开了。

诚信金不换，以真诚博得信任才能在这个社会安居乐业，有了诚信，别人捧给你的，就是甘甜的泉水……

那一次，我流泪了

丁 鸢

时针"嘀嗒，嘀嗒"的转动，在这安静的房间里，愈发显得安静了。我不知道我是以哪一种情绪想起他的，但我知道那一次我流泪了，思绪不经意随着风飘向远方……

搬来这里后，我感到心情不是那么压抑苦闷了，可能是远离了那个地方吧。没由来的心绪十分高兴，就像刚出笼的鸟儿一样。我讨厌他，非常非常讨厌他，这是毋庸置疑的！思绪回到刚见面那时，他问我名字，我告诉他了，自此他有事没事都会来找我。刚开始我很乐意，因为有个大哥哥带我玩也不错，他会带我去池塘边捉蝌蚪，然后把最大的一只给我。但时间久了，母亲发现后强烈反对我与他来往。他神色总是十分不正常，总是带着轻佻的笑，身形像吸毒者那般单薄，他的眼神会像毒蛇一样乱瞟，总之让人很不舒服。我好似也懂得了什么，开始远离他。后来，听闻原来他有精神病。

我知道我不应该歧视精神病患者，但时间越久我越会感到莫名的惶恐，尤其是知道他会在家自残，跟踪我，在晚上的时候守在离我家很近的公路旁。我知道我彻底将这种惶恐转化为了愤怒，甚至是对他恶心。幸好，现在我搬来了这里，终于可以不用再见到他了。可在意料之外的是，去学校的路必然要经过他家那儿。于是我又慌了，每次

035

定格在记忆里的画面

经过那儿的时候，我会疯狂地将自行车骑的飞快，就像后面有什么怪物似的，但我想他比怪物还可怕。

终于，再一次放学后，我又看见了他。我疯狂地踩脚踏板，但无济于事，他还是发现了我，叫我的名字，我几乎是飞的速度跑了。慢慢地遇见的频率越来越多了，我被他吓怕了，尽管他没有做什么，但他只要站在那我就怕得要死。于是，我问了同学有没有什么小路，还真有。于是，我再没有走过那条路了，就算去那条路也没有看见他了，心里高兴。虽然有人吓过我小路蛇很多，但相比蛇我更怕那神经病。

没过多久，那个地方传来消息，精神病死了。我不知道我当时是什么心情，脸上带着什么表情，但我知道对他再没有害怕、厌恶甚至是恨等情绪了。往事已成了过眼云烟随风轻轻吹了，没过多久，我尝到了落到嘴边咸咸的味道。很奇怪，在他生前明明那么那么厌恶他，为什么他死后我流泪了呢？

天空宽容了云朵于是才有了彩霞。远方的夕阳慢慢地落山了像一位步履蹒跚的老人，昏黄的光晕使得莫名伤感……

036

来日方长

周伊曼

其实我还是很怀念儿时，那时候我们才比课桌高一点点，站起来正好到爸爸衬衫第五颗纽扣的位置。午后有很好的阳光，暖煦轻柔，每个人的侧脸都被阳光衬得漂亮极了。

六个柳絮漫天蝉声如翡翠的夏天和六个白雪皑皑树木如枯柴的冬天过去后，我们就要毕业了。

肉包是我见过最开朗，脾气也最好的女孩。前几年我和她并没有交集，六年级时关系却特别好，像是非常自然发生的事情。她喜欢给我讲很多她看到、听到的事情。有次放学，她拿着一瓶雪碧在校门口等我，搭着我的肩说："五一的时候，和我爸妈去我哥那，打车永远那么堵，进地铁就像进了特别乱的集市，里面的人与人都努力保持一段距离，我觉得很糟，我站在地铁里，耳机里放着特大声的音乐，看着对面穿橘黄色裙子的女人，晚上十点刚加完班，手里还拿着一大堆文件，地上放了一桶新买的油。她打哈欠的时候，我对自己说，十年后我一定不要过这样的生活。"我盯着她笑了很久："那你努力，为十年后的自己有一个快乐结局。"

037

刚入学的时候，阿满是一个头发自来卷的胖姑娘，总是叫嚷着要把体重留给美食。她硕大的身躯上刻着"格格不入，谁敢欺负"的字样，却为人真诚温暖。她有回请我去她家吃午饭，结果被见到她爸爸的第一面，我喊了一声"爷爷好"。不是我在调皮，而是面前这个男人头发斑白，身材瘦削。"这是……我爸爸。"这是我第一次听阿满没有用很快尖锐的语气说话。我离开的时候，她正在帮爸爸洗碗，少了平时的全副武装，看起来柔和许多。后来在她房间一本书里找到了一个书签，上面写着："我只有不停地学习，才能对得起爸爸所有吃过的苦。"书的那一页她圈了一句话——九把刀说过："有些梦想，纵使永远也没办法实现，纵使只是说都很奢侈，但没有说出来温暖自己一下，就无法获得前进的动力。"这句话也温暖了我。

她们在学校都很平凡。每天背负着大剂量的压力，还保持嘴角微笑。你给他们一点儿善意，就能贡献满腹真诚。

毕业后一定会遇到类似于她们的人，也许与这样的人相处最长久。

时光匆匆

李 茜

　　如朱自清先生的《匆匆》一般，时光是匆匆的。眨眼间，我们已是六年级的学生了，新的开始在远方向我们招手。

　　有人说，友谊如酒，越久越香醇；也有人说：时间终会冲断一切，那渐行渐远的终究是孤客无涯。面对未来无期之路，我们的心中都曾有过迷茫，都有想过退缩，甚至想过放弃，但是，现实依然一样，不曾变过，也不曾改变。这时，我们还是学会了成长。

　　消逝的，也不仅仅是童真，懵懂，青涩，还有那深埋入古树下的思念，白素的笔，苍白的纸，当星宿沉入山丘，把约定一起埋入秋风让一切从零开始。

　　还记得当初见时的青涩，傻傻的我们因为害羞，怕生，不敢开口，整个空气当中都有一种沉重的气氛。直到有个迟来的女生站在教室门口说了句："都愣着干吗，是惊艳于我的美貌吗？"全班人哄堂大笑。班上的气氛才缓过来，真傻吧！

　　那时，我们年少的懵懂、年少的痴狂、年少的傻事、年少的冲动都好似离我们很远，遥不可及，又好像发生在昨天，还有余温。

　　还记得当初，我们一起追过的明星吗？那时我们每个人都是迷弟迷妹。占据了班上大部分话题明星的有三个，一是鹿晗，二是宋智孝，三是宋仲基。天天嘴巴里高喊着："鹿晗，鹿晗，是我的爱。"现在还依旧让人捧腹大笑。

别宴将至，离歌渐起，在这一间不大的，总传出琅琅书声的教室里，在这一条窄窄的，总充满欢笑声的走廊里，在这一间小小的，总传出打闹声的寝室里，承载了我们太多的情感。

还记得吗在教室里，我们互相讨论着难解的方程式，偶尔有几个人在教室里嬉戏，在走廊上，是一些女生观看其他学生的天堂，对她们来说，是连接她们与外界的另一通道。在寝室里，又有多少人在窃窃私语，盘算着自己心头的"小九九"呢？

一阕旧词染新韵，浮生盼，醉把千里度。匆匆年华，又如一株静待开放的花朵，如漓似雨。廉价的祈愿：那些走向人生转折的人，愿情景如虹，与君依旧。

039

又是一年栀子花开

祁倩容

又是一年栀子花开的季节，我的小学生活，即将悄然逝去。回想起曾经那张张纯洁的笑容，才发现，我要毕业了。

那段时光，你是否还曾记得，记得有那样一位少女，天天和你吵架和你闹……

我们是如何成为朋友的呢？不知道，也许坐得比较近或性格比较相似，我们都爱笑，爱闹，不喜欢被束缚。像命中注定似的，我们遇到了彼此，以后无论在哪里，都不会是孤独的你或我。

你会陪着我一起下五子棋，知道我下不过你，便喜欢让着我，帮我完成我解决不了的难题。

但时光总是过得很快，一晃，两年过去了，毕业是那么猝不及防的来临，转眼，就到了该说再见的时候。只可惜，开头很唯美，结局却很冷清，就连一句告别也没有。

这是一场无法善终的故事，故事里面有人愁苦，有人叹息，有人欢欣。只是很可惜，我是那个忧伤的人。

你却也不见得有多欢喜。

我不希望离别时候很感伤，又在默默感叹，时光怎么会这样快，快到可以认识一个人，从陌生到熟悉，最后到离别。

细数点点繁星、圈圈年轮，最终我们都已在刷刷的写字声中来离开校园，离开这个曾记录我们点滴的校园……

又是一年栀子花开。谁曾从谁的时光里走过，留下了笑靥？谁曾在谁的记忆里停留，温暖了想念了？谁又曾从谁的回忆里消失，泛滥了眼泪？

时光不老，我们不散

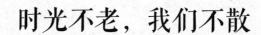

余苗丹

那一年盛夏，我们陌生地相遇，然而我们谁也没想到，几年后的我们，从陌路人到形影不离。我们在这个地方，为同一个目标而拼搏。但我还来不及珍惜，小考就这样来临。我们没有小考来临的兴奋，只有淡淡的忧伤和不舍。

是的，真没有想到时光竟然过得如此之快。现在想起当初来到这所学校的我们，面对陌生的教室，陌生的你们我却显得格格不入，被你们的热情将我"硬生生"地拉入这个班集体。可是，没有想到我们一起收获了成功、欢笑、快乐与感动。没想到，我遇到了世界上最好的同学。虽然我们争吵过，打闹过，斗嘴过，但事后的我们还是一起没心没肺的大笑。谢谢你们，我的疯子们，谢谢你们带给我的快乐与欢笑。

还记得一起开过小差，吃过零食，说过秘密的我们吗？还记得运动会上一起挥洒汗水的我们吗？还记得为了一场表演的完美而乐此不疲排练的我们吗？还记得宣誓后废寝忘食学习的我们吗？还记得，曾经最好的吗？

当我们还在打打闹闹，为一些鸡毛蒜皮的事而吵嘴时，没想到，从此我们天各一方。当我们还在嚷嚷老师多么不近人情的时候，没想到，今后再也听不到老师的唠叨；当我们还在嫌弃食堂的饭多么难吃的时候，却再也吃不到了；当我们还在吐槽学校环境多么差的时候，却连再看一眼都成了奢望……

我们曾经说好要笑着说再见，而后却泪流满面；当我们说再见时，一片寂静只剩下哭泣声、安慰声……

或许在我们的故事里，最美的事不是留住时光，而是留住记忆。如果最初的感觉一样，哪怕是一个不经意的笑容，哪怕是一句最简单的话，都会成为我们最怀念的故事！疯子们，时光不老，我们不散！

对蝴蝶的忏悔

叶青青

可以这样说吧，犯错是生活的点缀。当我以一个旁观者来看，早已剩下的都是满满的欣慰。

小女孩那时大概六七岁吧，她非常期盼着蝴蝶的到来。因为对于她来说，昆虫很美丽。可到了她的手中，却只是成为她的一个玩物罢了，没有丝毫意义。

那时晴空万里，天上的云一块连接着一块，湖水映衬着白云，让人心旷神怡。

然而小女孩早已叫上一些朋友，带上捕杀蝴蝶的工具，小心翼翼地走进草丛中。她似乎很努力地抓，蚂蚱、小蜻蜓以及一些说不出名字的昆虫都成了她的猎物。她们也都抓了很多，一个个在那傻笑，可却不知后来都变成了催泪弹。

好朋友的蝴蝶都送给了她，因为她只喜欢蝴蝶。她好奇地盘弄着那些可怜的蝴蝶，因为她并不知道蝴蝶的痛楚。蝴蝶被虐待着，小女孩并不知道接下来会发生什么……

大概过了三四个小时，小女孩再次看着被关在瓶子里的蝴蝶。可是，这些蝴蝶一动不动。她小心翼翼地打开了瓶子，生怕蝴蝶在一刹那会飞出去。可是它们没有丝毫挣扎的意思。她不相信，她害怕了。

她用力地抖着那个瓶子，因为她不相信自己竟然害死了美丽的蝴蝶。那犹如春风拂面般的笑容早已变成了泪流满面，那时候她才知道什么叫自己在南方的艳阳里大雪纷飞。

她心里此时是恐惧的，她觉得自己对不起那些死去的蝴蝶。她抽噎着，她沉痛地对捧在手心里死去的蝴蝶说："对不起，我也不知道你们会……我再也不抓你们了。真的，我不会骗你们的。我也会阻止其他的人抓，对不起！"随后，她就泪眼蒙眬地和朋友一起把那些蝴蝶给埋掉了，之后这里就成了她们的秘密基地。

这个小女孩现在长大了，她懂得应该保护那些昆虫。这件事在她的记忆里永远不会褪色。当她看别人抓昆虫的时候，她总是用警示的眸子看着他们。

那天，我选择了善良

周君丽

好不容易盼到学校放假，可恶的闹钟却依旧准点催我起床。我慵懒地伸出一只手，关掉那个扰我美梦的罪魁祸首——闹钟。正欲继续找周公聊天时，却发现怎么也睡不着了。唉，真是命苦啊！冲着床头镜做了个鬼脸，慢吞吞地穿好衣服，把一切穿戴整齐之后，优哉游哉地出了门。

走在行人稀少的大街上，我肆意地享受着那属于我一个人的空气，颇有种阔气之感，感觉整条街都被我承包了。正得意之时，迎面吹来的寒风将我带回了现实。好吧，我只是来逛街的，去哪里呢？

　　走过一条不起眼的街道口，却听见里面传出若有若无的叫卖声。我停下前进的步伐，向那声音的源头望去，这条小巷里空无一人，怎么传来的声音呢？好奇心驱使着我一步步向小巷的尽头走去……

　　走到拐角，一幅热闹的场景出现在我面前。

　　这条小巷不大，人却很多。在冬日的早晨环绕着一丝丝的温暖。

　　我缓慢地在中间穿行着，享受着这冬日的温暖。突然，我感觉我的衣角被扯了扯，回头一看，好可爱的小男孩！眼睛大大的，亮晶晶的，头发有些凌乱。他小心翼翼地问："姐姐，我肚子很饿，能给我点吃的吗？"他大大的两眼闪着泪花，充满着期望。我攥着手里那仅剩的零花钱，一咬牙，给他买了几个包子。包子铺的老奶奶一直和蔼地笑着与我们说话，最后还送了几个包子给我。

　　后来，我们找了一个门槛坐下，那个门是红木门，门上还有两个已经生锈的扣环。

　　"你爸妈去哪里了？"

　　"我走丢了，找不到爸妈了。"说完，眼眶里又充满了泪花。

　　我安慰着他："放心吧，没事的，有姐姐在呢！我们在这儿等，你妈妈一定会回来找你的！"

　　"真的吗？"他大大的眼睛里充满着对未来的期待。

　　"嗯"听到我肯定回答，小男孩不再说话，而是大口大口吃着包子。他的模样却转换为凝神静气地倾听，眼睛还不忘四下里观察着。我静静地守着他，良久。

　　突然他猛地起身："姐姐你听，我妈妈真的找我来了，她在叫我。"

　　我连忙起身，问道："在哪？"

　　"在那，快看，我妈妈。"小男孩子兴奋地指着远处一位神情焦急的少妇。

"这里，阿姨！这里！"我牵着小男孩，快步走向她，边走边大声喊着。

那位阿姨看到我招手后，不停地穿过人流，慌忙跑到我这里，看见小男孩之后阿姨眼神中的焦急瞬间化为欣喜。她抱紧小男孩一直对我道谢，后来像想起什么似的，赶紧搜口袋，拿出一个钱包。"阿姨，别这样。这只是举手之劳，再说这位男孩也很可爱啊！我应该做的！"我婉然拒绝了。然后，我摸摸小男孩，转身离去。

这一次，我不再恐惧

陈子衡

045

白天与黑夜共同组成一天。以前，我是个怕黑的人。只要天黑我就会惊慌失措，虽然还不没到开着灯方能睡觉的地步，但也十分严重。我怕黑的原因还要从多年前说起。

那是个愚人节的晚上，万籁俱寂，只有风吹过树梢发出清脆的"沙沙"声。乌云笼罩了月亮，显得格外阴森、恐怖，也许是上天想惩罚我才故意把气氛搞得这么令人胆战心惊。我走在空旷的大街上，望着远处深不见底的黑暗，一丝恐惧油然而生。风声在耳畔"呼呼"地回响，两旁的小树随之摆动，像一群恶魔疯狂地手舞足蹈。我闭上眼睛飞快地跑回家，可是跑到楼底下时，漆黑的楼道又挡住了我的去路。我顾不了摔跤的危险，三步并作两步直接上楼。等我打开房门，踏进房间才舒了一口气。"咦？停电了吗？怎么一个人都没有。"我心里暗自想到。突然，一道强光刺入我的眼睛，一个面目狰狞的怪物猛地跳出来！吓得我魂飞魄散，惨叫连连。"怪物倒像也被吓了一跳，边叫喊：胆小鬼！"原来是姐姐！虽然姐姐事后安慰我，但这个愚人节笑话开得有点儿大，搞得我一个晚上都没有睡好。

自那之后，我对黑暗就特别敏感，直到这一次，我敢于向黑暗发出挑战书。

今年的愚人节晚上，我又走在相同的地方，并且时间也差不多。不知不觉，我又回想起了以前的那一幕。虽然有些害怕，但是我收起了手电筒，下定决心，与黑暗较量。我又小心翼翼地走进黑暗，靠着墙，一路摸索上楼去。我又听到了那风吹过树梢的"沙沙声"，我又看到了姐姐扮的"怪物"。但我已放下了心中的恐惧，因为我知道，前方的路上还有比黑暗更令人恐惧、胆怯的东西，如果我连黑暗这一关都过不了，面对将来未知的挑战，又能怎么样呢？我放下了心里的恐惧。忽然间，我仿佛能看到黑暗里的一切，就像在白天一样，我轻松地走上楼去，不怕门后的"妖魔鬼怪"，因为那些都只是纸老虎而已，况且那些根本不存在。

其实，黑暗并不可怕，让自己感到它可怕的是恐惧。然而，一天里永远都是白天吗？前方的道路上总有你未知的事物，不要因为它的神秘而担忧，当你勇敢地揭开它神秘的面纱时，无论它是天使还是恶魔，相信你都能从容应对。

每天晚上走在那条同样的道路上，每天晚上经过那道漆黑的楼梯，但我已不再恐惧。战胜了黑暗，同时，也拥有了战胜未来的勇气与信心。

046

藏在卑微里的精彩

周子康

精彩，无处不在，只要你拥有一双慧眼，随时都可以捕捉到。但有的精彩却藏于我们无法探知的世界，需要我们用心感受。

小时候，对花生的印象，不过是在爷爷的田野里，被我叫作"野草"的植物。不过这"野草"每年秋天总会在爷爷手中不停翻转，最后变成一颗颗送进我嘴里的香喷喷的花生米。那时的我，一直很好奇，那一根根略显枯黄的植物，是如何在爷爷手中转变为穿着红衣的白胖子。直到上了小学，我才懂得，那一颗颗把果实深藏在地下的植物，叫作花生。

047

清明的时候，看着被我们一行所踩踏的花生地，我心里闪过一丝心疼。不过，在那年秋天，我却还是吃到了那熟悉的味道：不生不糊，味道喷香。

在那年暑假的一个阴天，即将结束暑假自由生活的我，来到这熟悉的土地上喊爷爷回家吃饭。在凉风习习中，在一片已不再鲜艳的土地上，一个稍显瘦弱的人影，正在那花生地里劳作。我跑跳着前去喊爷爷回家，他却说："好，爷爷拔好花生就回家喽！"于是，我也像模像样地学着爷爷拔起了花生，花生并没有我所想象的那样娇嫩，面对自己被外界巨大的力量逼迫，也不愿轻松妥协。我费了九牛二虎之力，才勉强把一株花生拉出大地的怀抱，可怜的花生被我折磨得毫无生气。爷爷看着满身是泥泞的我笑了。

苹果饱满、鲜红，橘子柔软、酸甜，梨子水灵、可爱。可朴素的花生不会像它们那样，把果实高高悬挂在枝头，向世人展示它那伟大的成果。花生会将自己的努力藏在地下，和外界隔离。哪怕花生即将绽放完自己平凡而伟大的一生时，也未曾炫耀过。哪怕默默无闻，也会有努力的伟大结果。

哪怕条件恶劣，自身卑微渺小，无人问津，也要怒放自己灿烂的一生！

卑微，也藏着莫大的精彩。

遇见另一个自己

吴 茜

从小，我听到最多的一句话就是："所有人都不是完美的。"之前，会觉得不服，可现在，这句话在我听来，还有另一番滋味呢。

曾经，我梦见一个和我长得像极了的女孩背着一个包。那个包很"脏"，黑不黑，灰不灰的，不知道是被女孩背褪色了，还是本来是那个颜色。我不禁对包里的东西产生了十足的好奇，开始猜测：那包里是什么呢？吃的？生活用品？还是……我做出了很多设想。可当女孩把包打开时，我愣住了——"贪婪""欺骗""叛逆""黑暗"……那包里有的只是这些词，再无其他，我再次打量那女孩时，方发现那女孩脸上有许多疤，有旧的，也有新的，衣服也是破烂不堪，脚上也没穿鞋，指甲缝里都是泥巴，我开始嫌弃她，开始选择远离她。于是，那个包里就又多了一个词——"冷漠"，女孩脸上也就又多了一道伤，衣服又破了一个洞，反正就是整个人颓废了一层。那女孩终于开口说话了："为什么？"我十分困惑，便问她："什么'为什么'？"那女孩眼里流出两行泪水，清澈透亮……"我也是你的一部分啊！为什么不要我呢？"我定住了，为她说的话，也为我自己。我的一部分吗？怎么可能呢？我在心里一直嘀咕着，心乱如麻。"是啊！我是你的一部分啊！为什么要抛弃我呢？"我开始动摇了：是啊，何不接纳我自己呢？我扬起嘴角，释怀地一笑，张开了双臂，拥抱住那另一个我……醒来后，我决定卸下自己沉重的包袱，扔掉自己长久戴在脸上的面具，以最真实的自己来直面那崎岖的人生。

相遇，便是一种缘分，与其远离冷漠"他"，还不如与"他"成为朋友，何乐而不为呢？

生命是一场遇见，人来人往，最稀罕的就是遇见另一个自己；窥镜自视，安然的世界里刚好遇见另一个自己，接纳她，亦是在接纳包容自己。

乡愁藏在心底

陈 梦

许久没有回家乡了。家乡坐落在一个偏远的地方，那里没有大城市的灯红酒绿，有亘古的宁静。溪水潺潺，年复一年唱着自己的歌谣。

春天到来的时候，家乡的后山坡上开满了一种不知名的紫色小花，花浪涌动，有着奇异的芳香。花儿们像一群小仙女，跳着曼妙的舞姿，舞动成一片绚烂的花海。——这是记忆中家乡的春天，温暖明亮。

家乡水多，到处是小溪和池塘。每到夏天，荷花争相怒放，大片大片的红色，渲染了夏天独有的浪漫气息，真是"接天莲叶无穷碧，映日荷花别样红"。这也是出游的最好时机，每到这时父亲就会带着我们去采莲蓬，摘菱角，掏鸟蛋，那可是童年中最美好的记忆了。到了夜晚，蝉鸣蛙叫自然是少不了的，最鲜明的记忆还是夜晚坐在草坪上，看萤火虫在空中飞舞。一只、二只、三只……最后是那漫天的流萤，点燃了我少年的绮梦。——这是记忆中家乡的夏天，赤热浓烈。

秋天是在沉寂中悄悄来临的，来到田野，来到河边，来到后山坡上。家乡的山水、田野在秋风的督促下，换上了迷人的秋装。稻田在风中涌动，像金色的海浪奔向远方。收获了，到处是忙碌的身影，大人的谈笑声，孩子的嬉闹声，组成了一曲悠扬的秋歌；白云在蓝天上飘，大雁在长空里叫。——这是记忆中家乡的秋天，深沉清朗。

秋去冬来，家乡渐渐变得安静了。在漫天纷飞的白雪中，家乡银装素裹，变成了一个粉妆玉砌的世界。我站在空旷的稻田里，张开双臂去拥抱这天地，心也像雪花一样飞舞，飞舞……这是记忆中家乡的冬天，宁静旷远。

家乡的每一片土地，都印着我歪歪斜斜的脚印，那里的土地是亲切的，那里的花草是微笑的，那里的人们是温和的……无论我走到哪里，都走不出"小桥流水人家"的牵挂，无论我身在何方，都割舍不了绿叶对根的情意。

真没想到，我会爱上这种感觉

严 京

又是一个阴雨绵延的日子。

正值春夏相交，雨相当频繁，三天两头都是雨天，雨向大地落去，同时也落在我的心里，我的心里像一架 弹奏着的钢琴——被雨随意地敲打，发出了杂乱无章的声音，影响着我的心情。

"啪！"我心里升起一团无名火，将手中的笔一扔，暗骂道："去死吧，这该死的鬼天气！"不过，雨并没因为我的怒骂而变小，而是愈发下大了，我索性跑到书房，想找一本书，打发掉这不顺的一天，我将书翻了个底朝天，也没有找到我满意的书，无奈之下，也只有回房拿钱，出去买一本吧！

当我撑着伞，走在湿漉漉的地上时，嘴里还喋喋不休地骂这鬼天气呢！

到了，这是一家小小的"杂志"店，我推开虚掩的门，灯光昏昏黄黄的，不知是太旧的缘故，还是为了营造气氛，主人故意用了小功率的灯管，屋子很小，但很温馨，一行行木制的书架上整齐地排列着一本本杂志，散发出淡淡的书香气息，每行书架的尽头都摆了一些精致的"小玩意儿"。

地上一尘不染，让我都不好意思踩上去了，书店的主人坐在一个角落里，手捧一本杂志，身旁凳子上放着一杯咖啡，散发着浓郁的香味，任凭窗外风雨交响曲如何狂烈，任凭窗外嘈杂声如何刺耳，都没有影响到她，更不用说我进来了，她手里捏着一支笔，聚精会神地盯着杂志，好一会儿，她的目光也未离开过书，她遨游于茫茫书海，几乎与世隔绝了。

我轻轻地呼了一声，她依然沉浸在杂志中。我又唤了一声，她才有所察觉，抬头看见了我，满怀歉意地站了起来，看起来是一位大姐，虽不是倾国倾城，但那气质让人刮目相看，或许是"腹有诗书气自华"吧。

她热情地帮我选过书，说了声："耽搁你时间了，对不起，欢迎下次再来！"我道谢后，走出了小屋，回头望了一眼，她又去津津有味读那杂志了。

马路上的车飞驰而来，路上的人行色匆匆，雨依然下着，我的心却晴了，我抱着散发着油墨味的杂志，走在回家的路上，来时的怒气全然消失了，我不知不觉加快了回家的脚步。

回家之后，我立刻将书房收拾得焕然一新，我捧着书，也沉浸在书海中，窗外的雨还在下吗？电话、门铃响过吗？这些我已经全然不知了。心如止水，尽情遨游。

突然间，我发现，我已经爱上这种感觉，这种恬静、专心、与世隔绝的感觉。

这次，我没有拒绝

陈　朋

从三年级开始，我便不再让爸爸接送我上下学了。

因为每次和同学从学校门口出来后，我总会看到那件脏兮兮的蓝色厂服和同样布满了水泥污垢的电动车。那时，我的自尊心都会受到极大的伤害。看着爸爸那一张笑嘻嘻的脸，我老远就会把头扭向别处，生怕和他的目光撞个正着。

回到家后，我郑重其事地对他说："以后不要接送我了，我都这么大了，我自己可以的。"爸爸的脸上依然挂着微笑，讷讷地没有回答。但是我分明从那个微笑中，看到了难掩的尴尬。从那之后，爸爸果然不再接送我了。

直到有一天放晚学，我像往常一样独自走在回家的路上。那天，天气有点儿冷，我冻得双手插在衣兜里，走到一个拐角处，我突然看到了一个熟悉的身影。依旧是蓝色的厂服，一辆破旧的电动车。那不是爸爸吗？我似乎明白了什么。

到了家里，爸爸正在洗脸呢，"爸，你也刚回来啊？"我一边放书包，一边询问。"嗯。"爸爸轻声回答。我没有继续问，便来到自己的房间，我开始做作业，但脑子里总是爸爸那身蓝色厂服的身影。妈妈进来了，见我心事重重的样子，问我怎么了。我向妈妈提起爸爸悄悄接我放学的事，妈妈笑了，说："其实，爸爸每天放晚学都去接你的，只是不让你发现罢了。"听着这并不包含责怪的话，我心好痛，感觉自己太过分了。

于是，第二天放学后，站在学校门口的我朝着胡同转角处大喊："爸爸！爸爸！"很快，爸爸真的出现在我面前了，带着一脸的微笑。我走过去，一抬脚坐在旧电动车上，双手环抱住爸爸，小声地说："爸爸，我希望你每天都来接送我。"爸爸愉快地答应着，车开始移动了。

周围有几个同学纷纷坐进小轿车，很快便超过我们了。但这一刻，我心底没有了自卑感，有的只是沉甸甸的幸福感。双手环抱着爸爸干瘦的腰，心里装满了对爸爸的心疼。

风儿吹着我的头发，嗅着爸爸厂服上的汗水味道，我的心头满满全是爱。

风铃，牵动我的情思

　　青春的羽翼，划破记忆的伤痛；晶莹的泪珠，激起心中的涟漪；老旧的风铃，响出最美好的回忆，牵动着我的情思。秋天，我最喜欢的季节。因为秋雨的梦幻，因为秋叶的唯美，更是因为秋风总能带起风铃"丁零丁零"的响声，优雅动听。

美丽的绽放

陈起迪

"糟糕！快要上课了！"我飞奔着冲向教室。终于，我在上课铃敲响前一分钟赶到了教室门口。我左手扶着门框，右手顺着自己的气，上气不接下气地说道："报……告！""进来！"老师沉声说道。我看数学老师板着一张脸，心想：老师平日一直和蔼可亲，今天，这是怎么了？看样子有人要倒霉了，不管是谁，先替你默哀三分钟！

环视教室，同学们都拿着一张试卷低声讨论着，脸上表情各异，有欣喜，有沮丧，有愁眉苦脸，有低头窃笑。见我进门来了，他们都不约而同地望着我，他们的目光中好像都包含着一种意思——怜悯。没错，就是怜悯。我不知其所以然。同桌向我招手，让我过去，我想他应该知道些什么。刚想问，他便打断了我的话，一脸怜悯地对我说："兄弟，你……唉，不说了，你自己看看试卷就知道了，画个圈圈祝福你！"说着他还真的在空中画起了圈圈。我拍掉他的手，神色不悦道："哎，哎，哎，到底怎么了啊？"我拿起试卷翻过来一看，看见红笔写着的大大的72，是那么刺眼，那么令人不敢直视。曾经，我对我的数学是挺有把握的，我还一直把它当成值得我骄傲的优势学科呢。我的心里如同打翻了五味瓶一样，真不是滋味！我喃喃道：

"怎么会考成这样？"

我一脸落寞地坐在座位上，老师在讲着课，而我却一句也没听清。我一直在心里反问自己：自己为什么考得这么不堪？"陈起迪，站起来！""喂，老师在喊你。"同桌边说边用胳膊肘拐了我一下。"陈起迪，站起来！在想什么？老师刚才讲的你听明白了吗？"老师瞪着我问道。"我，我……"我有些不知所措颤声说道。"上来，向大家保证，下次一定不会考成这样！"

我抬头望了望老师，起身，身形僵硬地走上讲台，面无表情，一字一句地说道："我，在此向大家，向老师保证，下次一定不会再考成这样！"回到座位，我定定地坐着。

"怎么啦，兄弟，你没事吧？别这么吓人好不好？"可我却仍然定定地坐在那儿，一动也不动，心里翻江倒海：下次，一定不能再考成这样！

从此，下课后，操场上看不到我玩耍的身影。放假了，电视机前也看不见我的身影。终于，在期末考试中，我大获全胜，望着天空中的流云，我心满意足地笑了，那笑容就好像一朵花，在空中绽放着……

我的减肥宣言

王雨薇

"啊——"一声杀猪般的叫声划过整个楼道，我一脸震惊地看着电子秤的数字。我的天啊！才几天而已，我居然胖了这么多。不行，得减肥！对，没错，必须减肥！

唉，先从哪减起呢？跑步，深蹲还是仰卧起坐？算了，全都一起吧！

老爸听到这消息立刻跑来跟我说："早就跟你说，太胖了太胖了，少吃点儿，你不听！现在，沦落到减肥的地步了吧！"

"老爸，咱能不损吗？"

"行行行，你减吧，反正你坚持不到一周就放弃了！"

"唉，真是，怎么讲，我有那么没毅力吗？"我为自己量身定制了一套减肥方案，然后抄了无数份贴在冰箱、柜子、茶几……家里一切有可能放零食的地方，就连我写作业的书桌都没放过呢。

"唉，好热啊！"放学回家，扔下书包朝冰箱走去，"噢，天！我在干吗？"我立刻将手中的雪糕放回冰箱，不能吃雪糕，绝对不能破坏我的减肥计划。

我立刻走到边上靠墙做起了我的俯卧撑，"啊！"才做了不到二十个，我整个人就像一条死蛇一样瘫在地上起不来了。老爸赶过来看见我这样，便道："二十个都做不到，你还妄想减掉你这一身的肥肉，放弃吧！"

"哼，我偏要减给你看。"我瞬间燃起了斗志，热血沸腾，做起了标准的俯卧撑。

晚饭的时候，我十分郑重地对全家人说："从现在开始，我要减肥，你们监督我吧！"老妈一脸莫名其妙："好好地，为什么要减肥呀！"

"唉，我也不想啊，可是体重不允许！"我哀号道。

我写了一份减肥宣誓：

从现在开始，一定要少吃零食

最好不吃，早晚锻炼，健康减肥

决不放弃，坚持到底，直到成功！

我将它贴在房门上，每天早晚看一次，提醒自己，坚持自己的减肥计划，直到自己瘦成一道闪电。

"疯"一样的女子

胡文岩

我的堂妹有着体现淑女气质的娃娃头，浓眉大眼，白皙的脸蛋，还有一张樱桃小嘴。你可不要被她的外表所迷惑啊，她可是个十足的女汉子，一点儿都不像个女孩子一样文静，甚至调皮得厉害了。

婶婶在她很小就给留了个可爱的娃娃头，想让她看起来更淑女，更可爱一些。可事与愿违，小堂妹一点儿也不淑女啊！

"是谁在唱歌，骑着摩托车，神龙摆尾，旋风无敌，冲进男厕所……"我那疯子妹妹正潇洒地在路上走着，扯着喉咙喊着这无厘头的改版的歌。

路上的行人正诧异地看着这疯一样的女子，用一样的眼光打量着。

她的英雄事迹，令人哑口无言的事多着呢！

她那颠覆形象的娃娃头发型，真的不是一般的可怜！

盛夏，天气太热了，"疯"一般的女子热得满头大汗，于是索性把头伸进水龙头下面弄个透湿。稀奇的是，她把刘海和旁边的头发全部梳后面去了，前面看着光亮光亮的。我们就在一旁笑她那搞怪的发型，谁知她怎么说：

"你们懂什么，咱是上海滩老爷们儿，帅气！不懂欣赏，真是！"

说罢，向我们挑了一下眉，还潇洒地用手将头发往上一扒，可笑煞我们了。

她可也是一个超级麦霸，只有她抢别人麦克风，没有哪个敢抢她麦克风的。

上次她提议，我，还有我小弟（也是她的哥哥），当然还有她啦，咱们三个人唱歌。可能她和我弟性格对调了吧，我弟在学校总是被人欺负，也被"疯"一样的女子欺负，也被我欺负，算可怜的了！

"疯一样的女子"太赖皮了，玩什么都爱耍赖，我老弟都快被她给折腾死了。

明明说是一起唱歌，谁知道她一拿到麦克风就夺也夺不走了。可恶的是，她还真不讲理地说："你们都不许和我抢，我说唱什么就唱什么，你们拿的那个麦克风不能唱太大声音，我说什么就是什么！"

于是我超级不服气地问她："凭什么？你也太不讲理了吧！"

谁知她理都不理我，继续调着歌，找她自己喜欢的歌。

我最讨厌别人对我爱理不理了，最终我愤怒了，于是冲她吼道："不许闹了，就听这首！"

没想到，她先无动于衷地换到下一首歌，然后甩了一下她那飘逸的头发，淡淡地丢出一句："算了，不和你一般计较了，不欺负你了，拜拜。我先去上厕所，等一下麦克风归我。"

啊！我抓狂了，这什么人啊！太可恶了吧！

可她这个机灵鬼也给我们带来了许多欢乐，是我们大家的"开心果"啊！

我发现烟火中坚定的自己

郭　菁

　　寂静的夜晚，一个人穿行在悠长而狭小的街道，不知下一个路口，下一次拐角在哪里？透过街边窗户射出的一道道昏暗灯光，更加拉长了我孤独而又瘦弱的影子，那份藏在内心深处的茫然感，无助感便袭击着我的心。

　　忽然之间，一道道光从不远处射过来。我不由得抬头仰望，夜空中一朵朵烟火时明时灭。它们升高、绽放、陨落。烟火在漆黑的天空放映出光彩照人的模样。身旁的人们无不惊叹着烟火的美。

　　我一言不发，只觉得他们看不懂烟火。

　　天空中的烟火斑斑驳驳，映着孤独的人儿。我想，烟火的艳丽只是它的一种宣泄方式而已，仅此而已。它的命运就是这样，在人们的惊叹中开始，在人们的惋惜中结束。这是它的宿命，它的寂寞。烟火的味道是它挥之不去的寂寞，是它永远也摆脱不了的寂寞。

　　考试的失败似乎一次又一次的失败，没有什么大不了的；第二次的失败，我自我安慰地说失败是成功之母，我咬着牙说会过去的；可第四次，第五次……又证明了我什么？之前的我犹如烟火一样，在人们的欢呼声中绽放自己，可过后却是死一般的沉寂，了无声息。

　　在这个有些妖娆又有些迷茫的年龄，老师的不理解，朋友的远离，我被遗弃在某个角落。我拥抱着我，拥抱着寂寞，我在和自己百无聊赖地对话，安慰着受伤的自己。

烟火越开越灿烂，越来越明媚，亮若白昼，身边的欢呼声越来越大。看着漆黑的夜空被悲惨的烟火映亮，想着屈原呼唤闪电使黑暗得到暂时的光明重现，我的思维也亮堂起来。也许烟火是有用的，即使寂寞，即使在放纵后孤寂万年，也会用生命燃烧自己，放出艳丽的记号！

烟火在人们不舍中渐渐消失了，我一言不发，微笑着。我坚定地紧握手心，握住命运，握住比烟火还重的味道，握住寂寞，握住我自己。我知道，烟火的寂寞是本身铸就，而我的寂寞不会在陨落后消失，是燃起一把生命的心，不会湮灭，而熊熊燃烧！

身后，是一片沉迷于烟火的灿烂的人们，而我此时，没有杂念，只是坚定地走着……

062

不一样的我

李佳怡

每个人都有自己独特的性格，我也不会例外。作为女孩子，我霸气、毒舌、不服输。

许多人都有自己心中的偶像，或侠肝义胆的英雄，或聪明过人的智者，或才华横溢的诗人……但这些都不是我的偶像，偷偷告诉你，我的偶像就是我自己。

照朋友的话说：我就是太自恋了。可我从不这样认为，谁说自己的偶像不能是自己，侠肝义胆，聪明过人，才华横溢……虽然这些我都没有，可我也会崇拜自己。解出一道很难的数学题时，我会崇拜我自己，心里暗想：我怎么这么厉害，这么难都解得出来。画出一幅得意的画作，我也会崇拜自己。流利地唱完一首喜欢的歌，我也会崇拜自己。甚至快速地吃完一碗饭，我也会沾沾自喜，得意好久。再次说明，这不是自恋！

妈妈说，做女孩就要淑女一点儿，可我简直颠覆了她的世界观，总像个男孩子一样。说话从来不温声细语；吃饭从来不细嚼慢咽；走路姿势永远不优雅，反而像个大老爷儿们。谁说女孩子一定要是淑女，软妹子，我就要做我的霸气女汉子。

从我学习数学开始，便不断有人对我说：女孩子嘛，语文成绩肯定不赖，数学就没那么好了。当然，我这个不服气的"菇凉"是不会赞成这句话的，谁说女孩子数学就不能好了，我偏要"文理双全"。最后，我总算没有辜负对自己的期望，现在我的数学成绩还是不错的，也算称得上"巾帼不让须眉"了。哈哈，这不是炫耀，不是骄傲，而是事实。

可能我不是一个完美的小孩，不会满足所有人的期待，但我会努力奋斗，争取做一个更好的女孩。

人生不一定要千篇一律。要做就做最真实的自己。我就是我，不一样的烟火。

风铃，牵动我的情思

这次，我没有被外界影响

娄 威

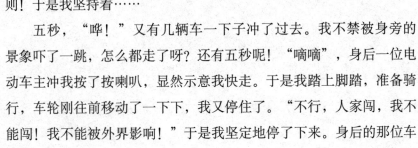

冬天，放学时分，天已经黑了，路上黄色的灯光也暖不了人心。我骑着车，在结冰的路上艰难地前行。冷，真冷！一处路口正亮着红灯，我停下车，等待着，手脚已冻得无知觉了，心中埋怨着红灯怎么这么长时间……

二十秒，"时间怎么过得这么慢？"我在心中埋怨着，却见周围的人早已将手放在了车把上，脚踩上踏板，好似蓄势待发的弓。我疑惑地想：怎么了？还没到绿灯呢！

十秒，"嗖！"我被身旁一闪而过的人带来的一阵冷风给吓得缩了缩头。有几位心急的骑车人，不顾还剩下的十秒钟，早已驾车前行，消失在对面的马路路口。我心中也有些动摇：闯不闯？闯，就十秒，不会有事的。走不走？不走！我要遵守交通规则！对，我要守规则！于是我坚持着……

五秒，"哗！"又有几辆车一下子冲了过去。我不禁被身旁的景象吓了一跳，怎么都走了呀？还有五秒呢！"嘀嘀"，身后一位电动车主冲我按了按喇叭，显然示意我快走。于是我踏上脚踏，准备骑行，车轮刚往前移动了一下下，我又停住了。"不行，人家闯，我不能闯！我不能被外界影响！"于是我坚定地停了下来。身后的那位车主显然对我十分不满，从我身旁绕过还狠狠地瞪了我一眼！我却抬起头对着他笑了笑。

绿灯来了，我蹬上车子。尽管此刻走的只有我一个，我却没有一点儿孤独和尴尬的感觉，只觉得内心涌动着一种莫名的喜悦，是因为我没有闯红灯？是因为没有被外界影响，坚守自己本心？对！就是因我坚守自己的本心，没被外界影响，而没有随波逐流，我的心暖暖的。

走自己的路，让别人说去吧！不要被外界影响。坚守自己的本心，是对自己的肯定，是对自己的负责，也是一份自信。与此同时，你将收获一份发自内心的喜悦，你将看到一片不一样的天地！路上的灯光散发着黄晕，仿佛在对我微笑，树叶在风中呼呼作响，仿佛在为我鼓掌。坚决不被外界所影响，守护自己的本心！

红绿灯依旧在交替闪烁，心却不再动摇……

与书相伴的日子

黄　磊

书，陪伴我度过几千个日日夜夜，黯淡了深夜的星光，寂静了城市的喧嚣，点亮了我人生的道路。

书是我悲伤时候的安慰者。寒烈的风刮过我的脸庞，抬头望，阴沉得如同蛛网的天空，笼罩着一切。我的心情仿佛低入谷底，失落地坐下。无意地翻开你，你的文字竟深深跃入我脑海中，你带我走进精

风铃，牵动我的情思

彩的文学世界，一个钢铁般的革命者——保尔·柯察金，他一次又一次的经历磨难，但他从未言败，即使身患疟疾或是失明，他心中仍有希望，用笔去书写他的人生。比起这些，一次小小的月考所带来的挫折，不是微不足道吗？是的，我已经明白了，不论未来日子有多么坎坷，在你的安慰下，我都会勇敢前行。

书是我骄傲时候的劝诫者。胜利了，老师、同学们的赞赏声响起，想到终于在比赛中赢了，我整个人都飘飘然，把一切都抛在了脑后，兴奋地翻开你，你尖锐的文字深深戳进我的内心，多少帝王将相都被这骄傲无情地湮灭。西楚霸王项羽由于骄傲自大，弃用范增，终四面楚歌，落得一个自刎的下场，留给后世一个"江东子弟多才俊，卷土重来未可知"的如果。我不禁恍然大悟，知道了"骄傲使人落后的'真理'"，使我以后的日子里学会心如止水的心态来面对成败。

书是我迷茫时候的引导者。终于到了盼望已久的假期，各种电子产品已成为我生活的主题，迷茫中的我逐渐忘了你，无意中翻开你，醒目的文字让我羞愧无比，"黑发不知勤学早，白首方悔读书迟"令我醍醐灌顶。方仲永的教训令我明白"学如逆水行舟，不进则退"的深切教诲。日月如梭，白驹过隙，倘若我不利用这大好时光，我终会落得泯然众人矣的下场，沦为他人的笑料。我毅然提笔书写，我相信，你给我的启示将会成为我未来日子的唯一目标。

岁月易逝，你无声的文字胜过千言万语，愿在以后与书相伴的日子里，无论悲伤，无论骄傲，无论迷茫，你都如一座灯塔，引导我通向成功。

我的身后有你

杨 程

我掀开被子，以迅雷不及掩耳之势梳头、洗口、洗脸，然后背起书包冲出门外，全然顾不上身后妈妈的的呼唤声。

终于，远远地看到站牌前站着一群和我年纪相仿的学生，我的心里暗暗地松了口气。镇定下来，我突然感觉一阵寒意，看看周围，投来的竟一瞥异样的眼光。这时我才想起刚才走得匆忙，外套也没来得及穿。

回去拿吧？眼看公交车就要来了。再说，昨天的情景让我够难堪的了。算了，扛吧！挺挺就过去了，我心里自我安慰着。

可是天公似乎与我故意过不去，天越来越阴沉，寒意也越来越浓。我哆嗦着身子，伤心、失望，眼泪禁不住掉下来。我多么希望奇迹出现啊！以往这个时候，我的救星——妈妈一定会出现的！

正在胡思乱想的时候，公交车来了。我迫不及待地往车的方向跑去，全然顾不上女孩子的斯文了。可就在这时，我回头看见一个熟悉的身影，从车的对面焦急地跑过来，那身影在寒流中显得那么单薄。怔怔地望着妈妈越来越清晰的、苍老的面庞，我的眼泪不争气地流了下来。

"下去吧！孩子，我等你！"司机开口了。我感激地回头说了声

"谢谢"，冲下了车。

"刚才来不及叫住你，冻坏了吧！，快穿上！"妈妈心疼地望着我，边说边要把外套给我穿上。我赶紧抓过外套，"你快回去吧！"扭过头，我快步向车上跑去。我怕我不争气的眼泪又要让她担心难过了。

车开动了，妈妈的身影越来越模糊，我的眼泪却一刻也没有停下，脑海里全是妈妈慈祥温暖的面容和重复了一遍遍的"唠叨"。披上外套，我浑身感觉到无比的温暖。

妈妈，我要好好地感谢你！在我的人生路上，是你留给我太多的温暖的记忆，我会勇敢地面对风风雨雨，学会感恩，学会做人，因为——我的身后有你！

 068

真幸运遇见你这样的朋友

唐欣怡

上天让鱼幸运遇见了水，让森林幸运遇见了土地，让小草幸运遇见了雨露，也让我幸运遇见了你……

你——我的朋友，我们一起哭过，笑过，争吵过，你的善良，你的宽容，早已在我心中种下了友谊的种子。渐渐地生根发芽，当我打开记忆的大门，你已缓缓向我走来……

这是军训的第一天，同学们都因疲惫而早早地进入了梦乡，而我却因为咳嗽，久久不能入睡。为了不吵到同学，我只好躲在被子里轻轻地咳嗽，这时，睡在邻床的你察觉到了我的不适，轻轻地关心道"怎么啦？不舒服吗？"

"嗯，我好像感冒了。"我用一种有气无力的声音回答道。

你紧张地将手放在我的额头上，"这么烫，一定是发烧了！"说完，你二话不说地跳下了床，支着一只手电，从洗手间里拿出了一块湿毛巾，并温柔地敷在了我的额头上。

"你等着，我包里有药，我去帮你冲一杯。"你又摸了摸我的额头。一股暖意流进了我心中，只见你拿着水杯和药，风一般地冲出了宿舍。看着你消失在门外的身影，感动瞬间如藤蔓包围住了我的心，触碰了我最柔软的心底，不禁感慨道："真幸运有你这个朋友。"

不一会儿，你便小心翼翼地端着药走了进来，热气润湿了我的双眼，喝下了第一口药，暖意便蔓延到了我全身每一个细胞，虽说良药苦口，但在此刻我却感受到了甜。喝完药后，整个人都精神了不少，也慢慢地停止了咳嗽，但感动却环绕着我，久久不去。

"快躺下，今天好好休息，明天一定会好的。"我听话地躺下了身，你细心地帮我把被子盖实，看着黑暗中的你，泪水再一次模糊了双眼。

友谊不是一幕短暂的烟火，而是一幅真心的画卷；友谊不是一段长久的相识，而是一份交心的相知……遇见你，是我最美丽的意外，遇见你，我真的很幸运……

在拓展中成长

陈天舒

　　刚来到课外实训基地感觉一切如初，并没有什么变化，依旧是那一栋栋白色的房子，绿茵茵的草地。可在真正实训中，却发现里面的活动增色不少，令我印象最深的便是一个名叫"蚂蚁翻树叶"的活动了。故事的情景是这样的：森林里下了一阵酸雨，许多动物需要进行避乱，其中，蚂蚁也是这场酸雨中的避乱者。酸雨过后，土地被酸雨侵蚀，有一群蚂蚁站在树叶上，它们需要翻开树叶却又不能碰到地面，于是问题就来了。

　　刚听到这个活动时，心想：其实并不难嘛！可当教官着重提出是"一群人"的时候我犯难了，虽然是人多力量大，可我们这次活动的工具是油布，人越多占的空间也越多，带给我们的难度也越大。

　　在比赛开始的时候，第一次，允许一个人在地面上走动，有了这个规则我们轻而易举地过关。真正难得是第二关，规则是任何人必须都在油布上。我们对策是：所有的人靠拢站在一角，再把另一角翻开跳到上面，然后把油布摊开就可以了。可是实际实施起来却不容易，毕竟有十多人啊！一个"跳"便是一个大难题，谁能确保大家能同一时刻跳过去？在比赛中，我们尝试了一次又一次，一次又一次的失败。但是我们并没有放弃，而是彼此互相鼓励着，紧接着我们又进行一次尝试，活动中我们一起喊着口号："一、二、三，跳⋯⋯耶！"我们终于成功了，最后大家带着各自的喜悦告别了这个活动。

在成长过程中，我们需要的不仅仅是亲情，还有友情，而友情中最重要的便是团结。在这次活动中我们增进了彼此的感情，团结了许多许多⋯⋯

军训"苦"旅

冯淑悦

脱下身上的迷彩服，背上满载记忆的行囊，挥手告别陪伴我们五天的教官和基地，踏上回校的路⋯⋯转眼间，五天的军训生活被我们画上了一个完美的句号，那段承载着我们酸、甜、苦、辣的日子将成为我们人生中浓墨重彩的一笔，给我们留下无穷的回味，就如丝丝缕缕的茶香，萦绕在心头。

人不军训枉少年

军训对于不同的人会有不同的感受，又都不能言传。只有自己亲自尝过的人才知晓其中的韵味。然后，和有同样经历的人相视一笑，让共同感受在彼此间传递、分享。

先说说我们的曹教官，他个子虽然不高，但长得很像韩剧里的"都教授"。当我在大巴上第一次看到他时，便想到一句话：陌上人如玉，公子世无双。给人一种阳光的感觉，他可以很融洽地与我们打闹，很喜欢搞怪。他还喜欢笑，很少对我们发脾气，他像太阳一样，散发出光芒，温暖每一个人的心房。他好像一个大哥哥，照顾着身边的每一个人。可偏偏在五天的时间我们不知珍惜，肆意挥洒他的好脾气。当我们告别他的时候才如梦初醒，原来他已经从我身边离去。当我们再次相逢时，或许已成陌路。

写着写着，脑海中如电影般回放着我们明教官教我们练齐步走的画面。

"齐步走——""1——2——1，1——2——1……"同学们心里都在暗暗发笑，这么简单的动作都会，为什么还要练，大家都很不屑。立正，蹲下，向右看齐，齐步走，正步走……一道道指令的发出，就要求在场的每一个人迅速做到位。久而久之的练习，大家都发现若全体同学都做到整齐划一实属不易。

站军姿，练跑步，练转身，走正步，练队形。无数次重复的口令让明教官的声音沙哑。虽然，无数回对动作的纠正曾让明教官眉头紧锁，一遍遍的动作示范也曾让明教官倍感无奈。但是，明教官沙哑的声音掩盖不了他的严谨，微皱的眉头黯淡不了他的尽职。训练的每一个动作都让我感到团结就是力量。我相信，这次的军训经历使我成长，使我成熟。

坚持、努力，我们的方队工工整整，我们的动作整齐划一，我们的口号响彻云霄，我们士气高昂。当宣布的"优秀中队"班级名单中出现我们班的名字时，所有人都卖力地、自豪地为自己鼓掌，热血在体内奔腾，五天以来所有的苦涩与汗水终铸成那日的荣光。

五天的军训，使我学会了团结。你若只顾你自己的得失那极有可能会毁了整个团队，到最后"竹篮打水一场空"，什么都得不到。

五天的军训，让我拥有了坚强的意志。操场上，那笔直的身影，那挺立的脊梁告诉了我们：这就是军人。阳光下伫立的身影也是那意志的象征。

　　五天的军训，我们尝遍酸甜苦辣。当我双腿发颤时，我感觉是酸的；当完成得好提前休息或放学时，我感觉是甜的；当因不断重复跨立、蹲下、齐步走这些动作而口干舌燥时，我感觉是苦的；而没做好被拉出去站着时，我感觉是辣的。正因有了这些酸甜苦辣军训才变多姿多彩，人不军训枉少年。

成长的"加油站"

　　军训"苦"旅，苦的是身体，而甜的却是心灵，充实的却是灵魂，激荡的却是青春。

　　让我记忆深刻的是军训第四天晚上的联欢晚会，其实，也算是一个告别晚会吧。每个班都要表演节目，我们班也不例外。我第一次勇敢举手报名和我的搭档一起表演唱歌。

　　当晚，灯火明亮，美轮美奂的舞台，在这笑声与歌声汇成的海洋，伴随着"小苹果"的歌曲，我们欢聚在一起。

　　时间嘀嘀嗒嗒地过去，节目一个个表演完毕，没想到我竟是压轴出场。当我怀着激动又有些慌张的心情上台的时候，我的搭档却不知道因什么原因迟迟不肯上台。面对突然的变故，我方寸大乱。一曲结束，掌声凄凉，台下的人说话、上厕所……我已经不知自己是如何唱下去的，是如何强颜欢笑下台的。唱完后，我在台后崩溃大哭，当时感觉全世界都抛弃了我一样，自己孑然一身，我感觉自己成了别人的笑柄，觉得自己无颜见任何人。

　　曹教官找到我，安慰我说："这有什么丢脸的，敢于上台敢于挑战自己，这就已经成功了，猝然临之而不惊，无故加之而不乱，老师已经非常佩服你的勇气了，勇者无敌。"曹教官的话给了我莫大的鼓舞和安慰。那一刻，我长大了。

五天里，我们尽情地释放能量，也收获了无数美好而宝贵的回忆。回顾其中的点点滴滴，我感到精彩而充实。当我执笔写下这五天的感触时，深知自己不仅仅健壮了体魄，增强了国防意识，提高了集体荣誉感，更加是受到了一次心灵上的洗礼。

不要惆怅时光如流水逝去，因为这段记忆将成为生命中不可抹去的一部分，当我们脱下迷彩服的那一刻，便留给我们的只剩淡淡的回忆，这是将迎来一个新的起点，引领我们一步步走向社会，走向成熟。

花 开 正 好

吴 越

期待已久的军训终于落下帷幕，让我记忆最深刻的，却不是那让人热血沸腾的拔河，不是那惊心动魄的空中断桥，而是那萦绕在心头的缕缕桂花香和一份如花般的微笑。

那个午后，阳光分外灼热，空中还飘着一抹浅浅的桂花香。教官带着我们和其他班一起去共同体验一个刺激的空中项目。大家都怀着兴奋，跃跃欲试。可不知怎么的，在穿戴安全设备时，我却始终都穿戴不正确。阳光大肆地在我脸上跑动，高台上的教官在大声地催我快一点儿。我一时手忙手乱，想向附近的同学寻求帮助，可发现他们都在远处嬉戏，我的脸上一阵滚烫，额上冒出一阵细密的汗珠，我手足无措。

"我来帮你吧。"

一个轻柔的女声在我耳边响起，我抬头，发现是其他班的女生，也正准备体验项目。她微笑着，唇边有个若隐若现的酒窝，如桂花般美好。我用鼻子吸了吸，桂花的香幽幽传来，可能是这花香的美好或又是女生轻柔的声音，我冷静了下来，有些羞涩地看着她。她正低着头帮我系紧腰带，一边扯着腰带，一边问我这样行不行，够不够紧，从她耳边拂过，碎发在摇曳，她的脸被晒得红红地，却仍是微笑着帮我扣紧头盔，又蹲下调整了我的身后的吊带，唇边仍是那浅浅的酒窝。

"穿好了，你可以去体验了。"她长舒一口气，笑着说，我抬头看了一眼那空中，高，还是太高了。我有了些许退意："我，我好害怕……"。"别怕，别怕，不会有事的，你看这桂花开得多香，周围也都是花草树木，你就当看看风景。"她有些笨拙地安抚着我，冲着我不停地笑。

我鼓起了勇气，看了眼高台，又转头说："谢谢你，那，那我去了。""嗯"。她冲我比了个加油的手势说："别尿，加油！"我一步步地登上楼梯，缓缓走向了高台，走向了那个断桥，我向下看一眼，觉得心跳都停止了，从未有过如此汹涌的害怕将我紧紧包围，我开始想调头回去了。可这时我又看见了她，她正望着我，微笑着，大喊了一句"加油"！我仿佛看见了她那浅浅的酒窝和眼中的鼓励，我深吸一口气，闭上眼，风在我的脸颊上吹拂，夹杂着缕缕桂花香，我纵身一跃，闭眼时似看见她的笑颜……

时隔多日，我却仍记得那个骄阳似火的午后，那个花开正好的笑容。

风铃，牵动我的情思

我的偶像——权志龙

黄　淇

　　我属于那种典型的"追星族"，班上好多人都知道我追星，我知道追星可能会影响学习，但我可不是那种往死里追星的人。

　　告诉你们吧，其实我真正的偶像就是——权志龙。实不相瞒，我从四年级就开始喜欢他了，刚看见他的时候，还不怎么认识，但是看了他完美的表演之后，我就觉得他的气质好独特，唱歌也很好听。看了他的资料后，觉得他这个人还真是挺不错的，又刻苦，又努力。他五岁就出道了，小时候拍的电影真是演技一流，堪称完美。包括前几年他在做练习生的时候，他就会创作歌曲，从一星期一首变成一星期两三首，再后来是一天一首。他说创作歌曲的这一天赋是上天给他的礼物，有时在唱歌的时候，脑海里就浮现出许多的歌词和歌曲，这一天赋真是让我不得不对他又爱又崇拜啊！当然身为一个偶像也是很不容易的，无论做什么都要完美，不能有一丝不好。

　　一味地追星肯定不太好，我所喜欢的是权志龙那不怕苦，不怕累，不管做什么事都认真刻苦的品质。

　　"I'm so sorry，but I love you！"这句歌词是他自己写的一首歌《谎言》里面的，这首歌仅花了一个晚上就被他创作出来。在专辑里面他和他团队的成员表演得淋漓尽致，在生活中对他的成员也是无微不至地关爱。他成为"BigBang"的队长之后，变得更加刻苦，更加努力了。

这就如同学习一样，不努力，不刻苦，怎会进步？不尝试，不挑战，怎会成功？

权志龙，1988年8月18日出生于明星家庭的他从小就受到了父母的支持，五岁就去出演电影，十三岁就发表了第一张属于自己的个人专辑，专辑发表不久后就被韩国一家很有名的经纪公司"YG"公司的杨社长所发现，杨社长觉得权志龙的表演能力和说唱很好，于是把他给藏了起来，一藏就是六年。经过六年的培训，当他再次站在闪光灯下时，不得不说，人气真的是好高。在他那数不清的粉丝中，我，就是其中一个。

想要成功，也并非那么简单，必须靠自己去拼搏，走上属于自己的那条成功之路！

权志龙，我喜欢他，我崇拜他，我佩服他的刻苦，他的认真，追求他的嗓子，他的气质。在这里我为他加油！

权志龙，棒棒哒，相信你可以做得更好。

藏在唠叨中的关心

何子阳

"起床了，再不起床就迟到了。""你把东西带好，别又掉了。""今天有点儿冷，你拿个外套。""那把钱拿好，掉了没人帮你找。"……如此多的唠叨，从小听到大，耳朵都听得生茧了。"知道了，知道了。"我依旧这样回答着。

但我一直都觉得这样很唠叨很烦，直到那一天——爸爸生病住院了，家里只有我和妈妈了。这意味着我放学后自己走回家了。那天，妈妈给了一把钥匙我，对我说："这是家里的钥匙，别弄丢了，放学后早点儿回家。"我不耐烦地点了点头答应："知道了。"第二天一大早，妈妈就来叫我起床了。出门前，妈妈一直叮嘱我，让我路上小心，注意安全。中午放学了就赶快回家，不要到处乱跑，等她给我带午饭回来。我并没有多在意，只是草草应付了几句就出门了。

到了中午放学，正巧碰见楼上跟我在一个学校的小妹妹，她跑过来拉着我说："姐姐，姐姐，我们回家就把美美带到下面去玩吧！"美美是她养的一只小狗，特别可爱。因为我也特别喜欢小狗，而且中午妈妈要好久才能回家，于是我就答应了她，把妈妈早上说的话忘得一干二净。

一到家我就跑去找楼上的小妹妹了。不知道过了多久，我听见好像有人在喊我的名字，仔细一听，果然是妈妈在喊我。玩得正上劲的我突然想起了妈妈早上说的话，赶紧跑回了家。

一回家，妈妈便开始唠叨："你跑哪去啦？你急死我了，你知不知道！让你放学回家好好待着你不听，让我到处找，你出去也要打个电话告诉我呀……"看着妈妈紧张又严肃的表情，我一下子吓到了，哭着说："我没跑哪去，只是在楼上小妹妹家玩。"妈妈听后便说："以后不论到哪，都要跟我打个电话说一声，别让我担心。"

从那天起，我每次出门，不管什么时候跟什么人一起，我都会打个电话告诉妈妈。因为我知道藏在唠叨中的是担心和关心。

风铃，牵动我的情思

韩思琴

时光的羽翼，划破记忆的伤痛；晶莹的泪珠，激起心中的涟漪；老旧的风铃，响出最美好的回忆，牵动着我的情思。

秋天，我最喜欢的季节。因为秋雨的梦幻，因为秋叶的唯美，更是因为秋风总能带起风铃"丁零丁零"的响声，优雅动听。还伴随那慈祥的声音。

记忆中，有个房子，虽然破旧，但是温馨，里面还住着一位慈善的老人，总会笑着说："丫头！等会儿呀，给你做好吃的。"那个老人就是——我的姥姥。

小时候，家里条件不好，所以她一生都住在这么个破败的屋子里，却没有过一声抱怨。她总是那样的和蔼，那样的爱笑，那样的喜欢我和妹妹。我所说的风铃，就是出自姥姥的手。挂在门上，让这个屋子有了一处美丽的地方。

第一次看到风铃时，惊奇不已，不知道它是什么，但是却这么漂亮。跑去问了姥姥，才知道它叫风铃。

"风铃？"我痴痴地念着。姥姥摸着我的头说："是呀，丫头喜不喜欢？喜欢的话，我把她摘下来送给你。"本来极其喜欢新鲜事物的我，在那时却拒绝了："不要，不要，这是姥姥的，挂在姥姥这好看。我以后会经常来玩的，也可以看到的。"听见我要常来，她笑开了花，像一个孤独的孩子，有了玩伴，可以陪她说话。

后来的日子，我也信守了承诺，每天都过来陪她。一起玩，一起说话，一起做饭，一起看风铃摆动，每天都听她说："丫头，等会呀，给你做好吃的"可是每次到太阳快落下，我就会回去。就这样，幸福的日子过了很久很久……

直到有一年，她病重，大人们都说她不行了，要死了。那一天，我才陪了姥姥一整天。

她病得很重，但是看到我依然那样有精神，我一进屋，就看到她勉强地靠着枕头坐着。姥姥看到我，微微一笑说："今天我来教你编花环。"姥姥一字一句地说着，丝毫没有提自己病重的事情，只是像往常一样，教着我做事。

"丫头你看啊，这个样子编，往左这样……"其实，我没有学会，我唯一记得的就是到傍晚，还枕在姥姥腿上看着风铃，快要走的时候，她拉着我的手说："丫头啊，明天给你做好吃的。"

可是没有明天了，因为姥姥再也没有回来过了，我再也看不到她的音容笑貌，再也吃不到她做的饭菜，再也不能陪她无声地听着风铃悦耳的声音。

暗淡中——追忆，念着笑思沧桑；空际中——流离，淌着泪记忆噙香；回首望——伤痛，早已演变形成过往。如今，再想起风铃，总会牵动我的回忆。

即使一切都在变，唯一不变的可能就是我记忆中，那个在门口风铃下微笑着对我说"丫头，等会呀，给你做好吃的"的那个老人。她，就是我的姥姥。

又见栀子花开，真好

魏冰影

又是一年花开季。远方传来一缕淡淡的、幽幽的清香，我合上双目任微风将花香送进窗口，轻轻嗅着。"栀子花又开了啊，真好……"我喃喃道。您呢？您在天国还好吗？

记得那年初夏，我正是含苞待放的年纪，正如那一树栀子花。回到老家的感觉，陌生，迷茫。我只是紧紧拉住妈妈的衣角，寸步不离地跟在她的身后，用我单纯无知的眼神，扫视着周围我不熟悉的一切。

"来，孩子，这是太姥姥。"妈妈将我从身后拉出来，微笑着介绍，全然不顾我的不自在。

"太姥姥……"我怯生生地喊道，目光有些躲闪地落在太姥姥身上。

"好，好……"太姥姥饱经风霜的脸上此时盛满了笑容，如那盛放的花。她用那枯树枝般的手摸了摸我的头，慈祥地絮叨着："影子都长这么大啦，太姥姥都认不出喽……"我却早已忘却了眼前这么位老人，只好干笑着附和。

似是瞧出了我的不自在，太姥姥轻声唤道："孩子，姥姥带你去个地方，你指定喜欢。"说完，也不等我回答，便拉着我，颤巍巍地向外走。推开那扇腐朽的木门，她如同回到了孩童时代，佝偻的身躯直了起来，眼神清澈明亮，用那沙哑的嗓子指示我："你看，这是我很久以前种的栀子花，好看吗？"我怔住了：一棵有一人多高的树映入眼帘，枝叶青翠欲滴，随风轻轻摇曳，洁白的栀子花藏在茂盛的绿叶中，含苞欲放，但那香气却已悄悄钻进我的鼻子，令人陶醉。"哇，太姥姥，好香啊！"我深吸一口气，惊叹不已。太姥姥轻轻笑着，苍老的面容在花儿的映衬下仿佛变成了十八岁的少女，明丽动人，娇俏可爱。"是啊，我最喜欢它的香味了，单纯，清幽。"就这样，我不再拘束，与太姥姥并肩坐在树下的木椅上，拉着家常，闻着满院芬芳，听时光静静流淌。

自那日以后，我经常去老人那儿，看栀子花，顺便陪她解闷。直到那年花开季，太姥姥去世。"孩子，来……"老人在病床上冲我招手。"栀子花又要开了，可惜我……唉，我走以后，栀子就归你照顾了，知道吗？"老人清澈单纯的眼神向我投来，正如我当年所见的，那一树盛开的栀子花。"好——"我咬唇，艰难地吐出一个字。太姥姥笑了，安详地闭上了双眼。她走了，却留给了我一树含苞待放的栀子花。后来我才知道，栀子花的花语，是她一生的守候……

周末，我乘车来到老家，静静坐在栀子树下，指尖划过凹凸不平的树干，摘下一朵香气扑鼻的栀子花。栀子花又开了，真好……目光越过花树，我仿佛看见，天国里的太姥姥，正坐在栀子树下，静等，栀子花开……

薄荷的夏天

  在那刻，我惊叹了，愕然了，没想到它的生命力是如此的顽强，那是薄荷啊！那是那株临死不被我看好的薄荷啊！它是那么的孤高，那么的骄傲，那么的不屈，带着股决然出现在我的视野里，原来，一直都是我小看了她。如今，它在烈日下蓬勃生长，葱葱绿绿，带着令人敬畏的绿，在夏日里绽放出最美的笑靥。

迈出那一步

魏玉婷

午时，阳光落在地上，洒下一片金黄，天空中没有鸟儿的足迹，抬头向上望，蔚蓝的天空让人眼见开阔，内心平静。

我提着几斤重的绳索与滑轮，独自走上了这似乎垂直的楼梯。我的手不停地换抓扶栏，脚步却是慢悠悠的，生怕一个不留神就踩空，掉下几米高的阶梯。

终于到达了最高点，教官抬眸望了我一眼，启齿道："你的安全帽呢？"我早已被那八米高的高空给吓住了，脚下是平静无澜的清水，清水旁还有一排颇有韵味的小亭，几棵小树星星点点的镶在其中，这样的景色叫旁人来观赏怕是都要拍手叫好，而我却是只顾感受它的高了。

"你的帽子呢？"这声音又再次响起，我一愣，伸手抖抖地摸了摸头，不凉，却是发烫。不会还要我再下去拿吧！我下去了就不上来了，太可怕了！我心里想。"你叫你的同学帮你拿上来吧。"教官对我说。

戴好安全帽后，教官让我站到台上去，他要帮我扣U型环。我刚伸出脚，便吓得缩了回来，只好眼巴巴地瞅着教官，问道："我不会掉下去吧？这安不安全啊？我要抓哪个绳子？"他似乎对于这些问题早已熟透了，对我说："这不吓人，你要滑出五米就不怕了，而且风吹在脸上很舒服。你没看到你的同学都过去好几个了吗，放心，很安全的。"我深呼一口气，对着他点点头，鼓足勇气走到站台上，小心地系好绳索。教官让我脚尖向下，向前走两步，我刚伸出脚，整个人突然被吊了起来，"啊！"我向后一倾，又重新回到台上："我不敢向下走啊！它绑不住我怎么办！"我回头惊慌地对教官喊着。他伸手拍了我两下，说："你走一步悬空，我推你一下吧。"我默默咽了一下口水，手抓紧绳索再次尝试着向前迈了一步，他顺势将我向前一推，我便从八米高的站台飞了出去。我原本以为那时的自己一定会大叫，可事实却并非这样。

在我滑出几秒后，不知哪来的勇气让我试图张开眼睛。当时的我惊奇地发现，那些四角亭、小树、池水在我眼里逐渐明亮起来。我抬头看了看天，淡蓝的天上掠过几只鸟儿。阳光打在身上暖暖的，风也从身上穿过，一点点带走我的恐惧与不安。我的手，渐渐放松，在那一刻，我才感到一丝兴奋和激动，也体会到了这项活动的刺激。

在那次的空中溜索中，我明白了：在某些不经意的瞬间，只要我们勇敢地跨出一步，迎来的一定会是灿烂的，令人向往的，而那些令我们不安的，都将被我们所怀念。

085

白天能懂夜的黑

曹敏婷

爸爸、妈妈你更喜欢谁？

对于这个老问题，是否会觉得为难？这时，倘若你不服气反问我，我会毫不犹豫告诉你，"爸爸！"

可对于现在，它是过去式了。

童年时，家里变故多。夜里，妈妈总爬起来不睡觉。我曾经睡眼惺忪地看见她的背影不经心问她："妈，怎么了？"她总用嘶哑的声音命令我赶紧躺下去闭上眼睡觉，是坚决不让我窥到她的半分懦弱和胆怯情绪的。不过这是后话，当时我哪里晓得什么？

我知道些什么呢？

她总爱用条条框框约束我，尽管她并不迂腐。她总想把我培养成更好的，仿佛我是全世界最差的一个。小时候因为吃邻居给的梨子直接被训哭，明明是人家犯的错却因为年龄罚的是我，幼儿园里吃饭必须吃完，生病嫌药苦不喝药，用筷子抽胳膊……她总用条子一类的打我，那些东西一打，真是立竿见影，一条条红梗，狠了，就是瘀青。

我会喜欢她吗？而我的爸爸，会给我零花钱，会给我买衣服，会在药苦的时候给我糖吃，很少打我。别人家都是爸爸打孩子，到我这儿，我妈一点儿都不含糊。

她给我的回忆是严母的形象居多，我都不敢靠近她多一点儿。或许直到今天我还认为这是她的错，她在我们母女间亲手用一砖一瓦建成一堵高大的心墙。

可她现在老了些吧，我也长大了些。家里现在什么事都没有，她的白头发却成簇拥在一起。墙也变矮了，我却觉得我没有变，是她做了妥协。

前不久一天，我正在书房与作业厮杀。她进来了，动作很轻，直到我身旁我才发现。她对我说，让我帮她看看。我心下狐疑，却仍然放下作业，答应她当时看似无理的要求。我的手指是冰凉的，一触碰到她，她的身体明显颤了颤，我的心忽而不那么平稳了。我又把手揣进了兜里捂了一会才拿出来，我知道，还是似生铁的温度，但是她不发抖了。

瞬间，我的眼泪蓄满了眼眶，差点儿夺眶而出，心里什么塌了。却在她转身的一刹那又倔强地收了回去。沉默了几秒，我才开口："我……有时间陪你去医院。"她的眼神看着衣架，好像没听到，我却已经没有第二次说出话的勇气了，只得沉默着。她良久终于回了句："好。"我说："你走吧，我还有作业。"她走了，比她来时的声音还要轻。

我瘫在椅子上，回想她的背影，从未如此清晰地体会到她真的老了，这个"老"不仅仅是时间概念，因为它带走了不只是岁月，还带走了健康。

我的眼泪终于敢落下来了。

天鹅绒似的夜空里零落着几颗孤零零的星，一闪一闪地在夜空中挣扎着不愿毫无声息地沉下去，可是还是好安静。我的心却一点儿也不平静。

可是我却没有时间，还是爸爸去照顾妈妈。手术虽然赶得紧，但结果令人心安。

087

放学我飞奔去医院。在路上我突然想到过去的时光，我一点儿也不理解妈妈，明明是每天朝夕相处的人儿，却把自己的生活情感封闭起来供自己欣赏。说我为自己开脱也罢，我不懂她的无助，痛苦，妥协，她所做的一切，甚至她在我身上投入了些什么。只有她愿意，我才能被动地接受……

到医院了，也到病房了，我却停下了匆忙的脚步。我窥到妈妈一个人躺在床上，拿着手机，不知道在看什么，脸上很平静，没有什么痛苦表情。旁边各种牛奶，水果，她没动。明明是那么普通的场景，明明是我每天遇见的妈妈，我的内心瞬间被喜悦充满。

我根本没必要纠结呀，因为她是我深爱的人，不懂又怎样？只要愿意，我相信，白天也能触及黑夜，白天也能懂夜的黑。

薄荷的夏天

解开束缚的绳索

陈　前

线，束缚了风筝的自由，却指引了它的方向。母爱，并不是束缚我们心灵的绳索，而是呵护我们成长的牵挂。

——题记

088

"妈，今天我想和同学一起出去玩儿可以吗？"我满怀期待地望着母亲，希望能听到和以往不同的答案。"你有多大了，还出去玩！一点儿都不知道好好把握时间，好好复习，马上就要考试了，你知不知道，隔壁家的……"又是这套老话，我真是受够了，每次都拿考试来压我，每次都拿隔壁家孩子来比较，真是讨厌死了！

我摔门而出，二月的春风冷冷的，一个人走在田野里，春风很轻柔地拂在脸上，而我却觉得这春风似乎还带着一丝冬天的寒冷。我喜欢这样的感觉。我羡慕风，我觉得它很幸福，很快乐。至少要比我们幸福快乐吧！至少它比我自由，无论风吹得有多远，都不会有人再去把它们又吹回来……一个人能有风的自由，那么他一定是世界上最幸福的人。我想做一个自在如风的少年。

"爸爸，把线放长一点儿，再长一点儿。""嗯，好。"一位手里拿着透明的风筝线的父亲望着上空飞舞的风筝答道。哦，原来是

在放风筝，我不禁被吸引过去。空旷的田野，只见一位父亲拿着风筝线，一位年龄比我小三四岁的女孩拿着风筝尽情奔跑。望着他们，我脑海里也浮现了我与母亲那快乐而温馨的往事——母亲拉着我的手在公园漫步，母亲背着我在田野飞跑……

"爸爸，线快断了。"又是那位小女孩，她的话把我从回忆中拉了回来。风更猛了一些，线断了，我看得出，女孩和我一样，她希望风筝自由，她也渴望自由。我暗自欣喜，这下子风筝终于可以自由了。谁料，风筝却并没有和我设想的一样去自由高飞，而是很快掉下来。我愣住了，小女孩也震惊了："怎么会？怎么会掉下来呢？"女孩的父亲语重心长地说："风筝飞得越高，线就会越紧，当风筝飞到上空时，它会被无情地打落，所以我要用线牵住风筝，不让它飞到危险的地方，懂了吗？"女孩似懂非懂地点点头。

风起风止，花开花落，一切看似只有一瞬间，却早已沧海桑田。老师曾经说："人活着，就得有另一个人牵引着，否则会迷路。"那时的我固执地认为，地球是圆的，尽管迷路了，只要一直往前走，最终会回到原点。那一瞬间，我突然想通了许多，原来不是线束缚了风筝，而是线指引了风筝飞往的方向。

同样，母亲今天给我设定的条条框框，虽然令我不爽，令我厌烦，可那也是她的一片苦心，这片苦心，就如风筝的线一样，不希望我在飞向理想的高空因缺少束缚而掉下来。我想到这里，我笑了，束缚内心的绳索解开了，我把它变成了一根线，线的那头，是母亲紧握着的手。

或许我们无法选择脚下的路，也无法知晓未来路上阻挡着我们的是巨石还是高山，但是总有一个人在默默地牵引着我们。

最美好的一天

刘子晗

　　于我而言，最美好的日子莫过于和家人在一起，只要和家人在一起，每一天都是最美好的。

　　"咿呀哇咿啊哇……"半梦半醒之际，便听见小孩子的"咿咿呀呀"，接着便能感觉有一只小手拉扯着我的头发，睁眼一看，果然是我那九个多月大的弟弟胖乎乎的小手缠着我的头发，见我醒了，冽开嘴露出几棵刚"出土"的牙齿笑着，我坐起来他便微抬起头看着我，我佯装生气，对着小家伙说："枫枫，姐姐好不容易睡个懒觉，你还来捣乱，姐姐生气啦！"小家伙听不懂，只觉得好笑，两只手挥舞着，可爱极了！我抱起他在床上转了好几个圈，妈妈站在一旁笑着说："行了，别转了，转晕了摔下床可不得了！"我便停了下来，小家伙似乎被转晕了，迷迷糊糊地晕头转向，妈妈从我怀中将枫枫接了过去，让我去刷牙洗脸准备去奶奶家。

　　简单梳洗后，爸爸把我们送到了奶奶家。一到奶奶家我便钻入厨房瞧瞧有什么好菜，奶奶慢慢走过来拍了一下我的脑袋宠溺地说："臭丫头，一到就跑厨房来偷嘴！"我俏皮地吐了下舌头，拉着奶奶的胳膊一摇一晃地撒娇着说："好奶奶，我不是贪吃，还不是因为您做饭太好吃了嘛，我一时没忍住而已。"奶奶笑着说："行了，胳膊都被你摇折了，嘴巴倒是甜得很，快去洗手，今天做你最爱的饺子。"我欢呼着急忙跑去洗手。

奶奶在砧板上将白菜、猪肉等馅料剁成末儿放入一个大碗里搅拌，搅拌好了后便拿出饺子皮包饺子，我们一家人围坐在方桌上一起包饺子，就连弟弟也坐在婴儿车把手伸着想要一起帮忙呢！

奶奶将包好的饺子放入锅中煎了起来，饺子皮慢慢变成金黄色，香味慢慢出来，我坐在餐桌不耐烦地等着，肚子早已唱起了"空城计"。饺子终于端上了桌，我迫不及待地夹起一个就往嘴里送，呼！好烫！慢慢嚼了几下蔬菜的新鲜与肉汁的鲜美便融合在一起，在嘴里回味无穷，一个接一个，一盘接一盘，香喷喷的饺子便落入我的肚子。吃完饭，一家人坐在客厅沙发上谈天说地，其乐融融，欢声笑语充斥着每个角落。

我眼中的成都

李佳辉

成都，我去过两次，而且每次都是暑假的时候。在那段时间里，我感受到了成都人的"慢生活"，品尝了成都美食，游览了成都的美景。

成都被誉为"天府之国""蜀中江南"。著名歌手赵雷写下的《成都》完美地诠释了他对成都的热爱。他说："成都是一座来了就不想走的城市。"这是为什么呢？那就是因为成都人的"慢生活"。

在成都你可以看到星罗棋布的茶馆，并且每家茶馆的生意都很好。成都人喜欢休闲，可他们从不称这为休闲，而是称它为"安逸"。这种休闲的慢生活决定了人们的衣食住行，成就了成都的风土人情，从而也决定了成都是一座来了就不想走的城市。

川菜位列中国八大菜系之一，色香味俱全。成都的小吃也是品种繁多，数不胜数。从串串、抄手、棒棒鸡到鱼香肉丝，从麻婆豆腐、宫保鸡丁到宜宾燃面，形态各异，味道撩人。当然，还有一些成都人特有的小吃，就比如说麻辣兔头，在大街小巷处处都有。但最为著名的还是要属四川火锅，我去了两次成都，也是大饱了口福。那美味的火锅，带着麻辣的口感和色泽鲜艳的汤底，还有各式各样的食材，让人回味无穷。

成都的名胜古迹也是数不胜数，有著名的充满文艺气息的杜甫草堂，壮丽秀美的青城山，气势磅礴的都江堰，让人流连忘返的金沙遗址。还有著名的峨眉山和乐山大佛，成都的名胜古迹实在是太多了！但令我念念不忘的是宽窄巷子，他虽然是名胜古迹，但那里也像是一条卖商品的巷子，晚上走在这复古的巷子里，两旁都是灯光闪耀的商店还有一些叫卖声，就好像回到了一千多年前的古巷中，那种如梦如幻的感觉真有点儿妙不可言。

成都的美景还不止这些，还有一些著名的地点。比如春熙路，它是成都最繁华的街道，与其说它是街道还不如说它是一个广场，那里是成都所有大小品牌的商品聚集地，人们都喜欢在这里购物，熙熙攘攘的人流昭示着它的繁华与活力。

说到成都当然不能漏掉我们的国宝大熊猫，我也是在那里亲眼看见了大熊猫，熊猫的圆滚身材和黑白相间的毛发让人感觉非常可爱，因此很多人都喜欢它。熊猫是成都的象征，每一个著名的地点都可以看见一些玩偶熊猫或者是一些气球熊猫。

成都就是这样一座城市，不管你喜不喜爱，它始终以自己的方式存在着，在我眼中永远是一个明亮而充满温情的城市。

我眼中的神农架

冯思敏

神农架，因神农在此尝遍百草而闻名。今年暑假，我们驾着车，去欣赏那葱葱山林环绕着的神奇世界。

驶入神农架，仿佛是一瞬间穿越到某个世外仙境。高速上静静的，偶尔一两辆车不喧不嚣地驶过，我猜是他们不愿破坏这一片宁静吧。山路环绕着爬过一座座山坡，车也跟着跑，像是在捉弄来往的人，一会儿一个大弯，一会儿一个小弯。被这波浪般山路穿过的、连绵青山包裹着的城市，等着我们去探索呢。

爸爸说很想去趟大九湖看看，于是我们踏进了一块高山中的湿地平原。导游说："黄昏和清晨的大九湖是最美的。"我们踩着残余的阳光投下来的光影，一步一步，走着，看湖面中倒映的山的绿影。山和水没有连在一起，山是绿的，水是清的，泛着微光，山只跟水中的山连在一起，那大片的湖差不多可以把大片的山完全放进去，于是就形成了一幅对称的青山绿水中国画。画中很快就被抹了两抹对称的朱红色，我抬头，夕阳正埋头往云下钻，往山里钻，山那头是什么，我不知道，我能看见的，只有沾染着淡红色的，很快被红色覆盖的云，天地也很快被染红，然后渐渐被黑暗替代。

我们回到镇上，百家灯火闪耀着，华灯初上，就被人群的熙熙攘攘盖过，每经过商铺，都会有老板出来热情迎客，这个被外面的花花绿绿的世界侵扰了的城市，虽是少了点儿淳朴，热情却不减，让人很随意地就能融入其中。

第二天凌晨四点半，我们又一次来到大九湖，晨雾弥漫，不知是哪位仙女将这一切披上了轻纱，或是在那缥缈的浓雾后，藏着什么东西？眼前光秃的树干将枝头对向围绕在山间的白雾，是否是在想要拨散那迷雾，看看其中是什么呢？

去神农顶的那天，很不幸地遇上了大雨，周围都是白茫茫的一片，这不禁让我想到了关于野人的听闻，被雾中的世界禁锢的，是他们吗？

眼中的神农架，热闹的城镇与世外仙境相互交叠，没有一方会显得突兀，是一直都会有微风拂过、热情而神秘的城市呢。"下次也想看看野人。"我笑了笑，挥挥手，带上了藏在眼睛与心灵深处的神农架之美。

094

我眼中的南京

李　璇

初到南京，映入眼帘的是一片湿漉，微明的天空，虽是一片苍白，但或许是因为兴奋，我眼中的南京，竟有那么多别样的色彩。

绿色——美龄宫外的梧桐树

在南京——特别是老城区，有许多成排又古老的梧桐树。梧桐树肆意地伸展着枝叶，为湛蓝的天空添上许多明媚的绿意，也让在炎炎夏日里赶路的行人们，有了几分阴凉，几分诗意。或许是因为这个，宋美龄就特别喜欢梧桐树，蒋介石才会在美龄宫内外种了这么多。可是，他们的那段爱情和历史已任时间的沧桑淹没，只余下这一片片梧桐树，像是在默默见证着南京的岁月和过往。

金色——秦淮河畔的灯火

当夜幕降临，南京最美的地方，我认为就是秦淮河了。河畔一簇簇金色的光芒，照亮了天空和河水，世界变得格外大，又格外美丽，神秘。金色的灯光耀眼地勾勒出天空中的楼塔，金闪闪的灯火仿佛灿金的蝴蝶在张扬飞舞。秦淮河水和着夜风荡漾地映照着它们的舞姿，似是另一个别样的舞台。可我倚栏望去，水中的灯火，平添了几分娇柔和朦胧。在我眼中，夜晚的秦淮河，少了昼里分明的界限，多的是那几分神秘朦胧，更衬得那火树银花，分外迷人。

红色——南京大屠杀纪念馆

一踏入纪念馆，我的心情便很压抑和沉重。其实纪念馆就是当年屠杀的原址，现在脚底下踩的白瓷砖，以前则是被殷红的鲜血浸染的焦土。历史不能重来，我眼中这被鲜血染红的地方，更应该是一块红色的警示牌。要不断提醒人们，勿忘前耻，奋勇向前。我想，三十万中国人的血，是不会白流的。

薄荷的夏天

蓝色——晴朗广阔的天空

虽然我到南京时还带点儿阴天的味道，但我在南京这几天，天空还是十分晴明湛蓝的。我能欣赏到蓝天里的缥缈白云，还有无数与天争高的大楼。马路十分宽阔，车虽多却秩序井然，无半点儿喧闹。行人脸上常挂着微笑，十分热心地指路。在我眼中，南京，古色古香的历史与高楼林立的繁华交融，人们虽会铭记过往伤痛，努力奋斗，也不忘保持心灵的祥和，阳光照耀，岁月静好。

离开南京时，天空欢快地下着点儿小雨。我想，等我再见南京，我眼中的她，会更加美好吧！

096

庐山美景三叠泉

万天昱

我欣赏过云雾迷蒙的天子山，海滩如雪的北海，海浪声声的厦门……但我印象最深的还是庐山，还是庐山的三叠泉。

爬上庐山，一进三叠泉景区，你就会听到一阵阵隆隆的轰鸣声。那是水流从一千多米的山顶直冲下来撞击在岩石上的声音。继续往山顶爬去，坡度越来越陡，响声越来越大，许多小水珠飞溅到我身上，给我送来丝丝清凉，像许多小精灵围绕着我嬉戏。我累了，停下来欣赏满山云雾，那些小水珠像在催我："再坚持一会儿，马上就可以看到三叠泉。"

我在郁郁苍苍的山林间穿行，终于快要到达观景台了，眼前突然一亮。啊！三叠泉出现在我眼前！那飞流直下三千尺的豪迈，那似乎从天上奔流而来的壮观深深震撼了我。泉水有十丈来宽，急速的水流撞击在岩石上，隆隆的轰鸣声简直就是一曲大自然的赞歌！

顺着螺旋梯转到三叠泉的脚下，整个三叠泉完整的展现出它的美！它多么像《西游记》中的水帘洞啊！让我想钻进去看看里面是不是还藏着神奇的仙境。抬头望去，那银光闪闪的水帘悬挂在崇山峻岭之间，气势汹汹地飞奔而来，陡峭的山峰每隔几百米便调皮地伸出一块巨石阻挡，泉水经过三次转折，冲进山脚的谭底，潭面水花四射，乳白的浪花一刻不停地涌动，溅起的水花和空气中的水珠竞相飞舞，使眼前的一幕如梦如幻。

啊！庐山三叠泉真是一幅充满诗情画意的奇丽画卷！我爱庐山三叠泉！

097

夏 之 趣

李 戚

在一望无际的荷塘里，荷花荷叶挤挤挨挨地蔓延开去，一阵风吹过，荷花们各自跳起了轻柔的舞蹈，那姿态优雅极了。有的荷花已经开了，露出金黄色的花蕊和淡黄绿色的小莲蓬；有的含苞待放，像是一个羞涩的小姑娘；还有的仍然是花骨朵儿，荷花轻轻地摇曳着，

薄荷的夏天

散发出淡淡的幽香，碧绿的荷叶衬托着亭亭玉女的荷花，在微风中轻轻地摇摆着。大大小小的水珠在荷叶上滚动，犹如"大珠小珠落玉盘"。面对眼前此景，我不由得想起的杨万里的诗："接天莲叶无穷碧，映日荷花别样红！"原来，在炎热的夏季，静静地驻流连荷塘也别有一番情趣。

离开荷塘，又来到了一片翠绿的竹林。一群孩子在竹林中嬉戏打闹，天性爱玩的我也加入了他们的"行列"中。时而在竹子中穿梭出逐；时而一起比赛爬竹子；时而与同伴一起玩捉迷藏；时而又架在两棵竹子之间荡起了秋千……于是，在炎热的夏日，青葱的竹林之间，上演了一幅"竹中童乐图"。

然而，和烈日相比，清凉的夏夜显得更是醉人。"明月别枝惊鹊，清风半夜鸣蝉。"东边的山头上，略有些发亮发白，那是一种朦胧的白，头顶上稀疏的星星，隐隐约约地眨着眼睛，时隐时现。突然，一轮明月升起，皎洁的月光洒到山间的泉水上，泉水闪着银白色的光，草丛中蛐蛐仍在"吱吱"地叫着，此时早已有人在屋前的庭院中乘凉，在蒲扇在手中轻轻地摇。孩子们追赶着萤火虫，村口还有两个长者坐在一旁下象棋，嘴里还好像若有所语。在美好的夏夜里，我独自躺在凉席上看书，或领略金庸的豪放，或感受席慕蓉的温婉，心头一阵惬意。

花红柳绿，蝉噪蛙鸣，一个怡人的夏日给我带来了意犹未尽的乐趣。真期待又一个夏日的到来啊！

薄荷的夏天

吴玉捷

你见过夏日暖阳吗？你见过夏天的薄荷吗？你知道薄荷是如何生长的吗？如果你现在都还不知道，那你就算是孤陋寡闻了。让我们一起来看看薄荷的成长历程吧！

薄荷，长于暖阳之地，喜阴湿可入药，入菜，味清凉，有提神醒脑的功效。薄荷从特征、生活习性、功能上都可评可点，具体了解下来你会发现薄荷许多的妙处。

薄荷的特性。薄叶叶边锯齿深而锐，呈椭圆形，叶对生，叶脉清晰，嫩叶浅薄，老叶厚绿。关键是薄荷的生长极为迅速，在你不经意间冲出一点儿。薄荷花开的时候，会散发出浓烈的气味。浅紫色的小花朵，如果不仔细看根本就看不出来薄荷初冒土时，整个呈深紫色，那种紫，带着神秘和高贵，随着子叶的长出，茎也快速长出来，那种紫也随之淡去，带着生命的绿，时间很短，总归来说，薄荷生长快，味浓烈，外观美。

薄荷的生活习性。薄荷长于初春，死于晚秋，盛放于炙热的夏天，仿佛将生命里所有的热情全部在夏天燃烧了一样。薄荷适应性很强，除了特殊些的土壤，不能培育外，其他皆可栽培。薄荷喜温暖潮湿和阳光充足，雨量充沛的环境。它的死亡过程却是异常缓慢，待到叶子枯萎，根茎发枯，不堪一触时薄荷的生命才算是真的结束了。它也有着一双傲骨，不惧怕烈日的烘烤，不向生活低头。总归来说，薄荷适应性强，喜阴、喜阳。

薄荷的功能，薄荷的作用是很多的，例如，鲜薄荷入菜会使菜口感更佳，更能促进消化，增进食欲。例如，干薄荷可用来泡花菜，缓解疲劳，提神醒脑；例如，薄荷和某些药材搭配在一起成为治疗疾病的良方，不过具体需要询问医师，不要冒失让薄荷成为致命毒药。总之，薄荷可入药、入菜、入药，提神醒脑。

曾记得自己也养过一株薄荷。还记得当初的自己从朋友家待回来一株后，因贪玩而将它丢在了一边任由烈日暴晒，直到晚饭时才忆起自己带回来的小东西。当初只是觉得有趣，便随口讨要了一株，结果却忘了。看着奄奄一息的薄荷心中一叹，倒是自己不该了，也不知自己是怀着怎样的一种心情……或许，有愧疚，有惋惜，但却是无能为力，感叹着将薄荷种下，希望它能活下来吧！

怀着一丝希冀，第二天去看时，薄荷依旧是病快快地趴在那里，甚至连叶子也枯黄了不少，或许，是要死了吧！一时之间对它也没了心思。不知为什么，我突然想起了那抹瘦小的身影，由于受到前几日炙热的太阳烘烤，或许，它早在烈日下枯萎了吧！又或许，在这场大暴雨中尸骨无存？我不由得生出要去看看的心思，撑着伞前往随意栽种薄荷的地方。远远的，我看见一抹清脆的绿傲然屹立在风雨中，任风吹，任雨淋，任日晒。在那刻，我惊叹了，愕然了，没想到它的生命力是如此的顽强，那是薄荷啊！那是那株临死不被我看好的薄荷啊！它是那么的孤高，那么的骄傲，那么的不屈，带着股决然出现在我的视野里，原来，一直都是我小看了她。如今，它在烈日下蓬勃生长，葱葱绿绿，带着令人敬畏的绿，在夏日里绽放出最美的笑靥。

现在，你了解它了吗？我相信，你也会喜欢上它的，然后了解它所有的一切，在这个夏天里，我们一起去欣赏薄荷吧！你也很期待，对吧！

茉莉花开

杨思陈

我家阳台上养着几株茉莉。正是开花的时节，走进阳台，便能闻到清幽的香气，似有若无，淡淡地飘来，勾起一份回忆。

还记得妈妈刚将它买回来时，是苍翠欲滴的一盆，深绿的叶相互遮盖。有几点白色点缀其间，分外引人注目——那是几朵小小的花苞，大约刚长出来不久。当时我还不认识这种植物，便向妈妈询问，妈妈笑着回答我："这是茉莉啊！"又反问道："你不认识吗？""茉莉？"我的确不认识。对于它，我一直只闻其名，不见其身。曾听说茉莉花很香，曾唱过一曲《茉莉花》，曾喝过一种茉莉花茶……茉莉，好像离我的生活很远，也很近。对于它的关注，似乎都在它的花上。我多想看看茉莉花的样子，闻闻它的香气——只可惜它还没有开花。

我于是关注着它，关注着它的那些小小的花苞，期盼那长得最大的一朵快些开花，对它进行各种猜测，为花苞的每个变化而欣喜。没过几天，我兴奋地发现它终于开花了。花即使怒放了也是很小的一朵，有两层花瓣，一缕清幽的香飘进鼻子，沁人心脾。凑近一闻，浓郁的香气不由分说地向鼻里钻，瞬时如饮甘饴，令人迷醉。从此，我就看到茉莉枝上陆续地孕育着花芽、花苞，再由花骨朵儿绽开、盛放成花朵。花朵儿在枝头开放、枯萎、凋零，落入尘土，直至最后一朵花落入泥中，只余一片绿色。

它还会再开吗？听说茉莉将开过花的枝剪掉后，能继续生长，开花。我没多大把握地拿起剪刀，将那些开过花的枝剪掉。虽然心痛，但我还是想试试能否成功。按我学过的一点儿植物知识，剪掉枯叶或多余的叶子更有利于植物生长，剪掉枯枝应该也是一样的吧？我一边"辣手摧花"，一边安慰她："茉莉、茉莉，你别怕，我会让你重获新生！"

在我不确定的目光中，茉莉继续生长着。没有剪过的地方继续生长；剪过的地方则分了叉，在我剪过的花茎的位置，向两侧伸展着嫩茎，舒展身体，在空中开拓自己的领地。茉莉花的确可以在剪掉枯枝后继续生长！这真是让人欣喜！只是不知道，它，还能再开花吗？我怀着一份期待，等待……

又过了几个星期，我惊喜地发现新长出茎上钻出几朵小小的花苞。茉莉真的要开花了！我简直按捺不住心中的欣喜，喜悦感朝我涌来，将我包围。在几天后，我走进阳台，几缕熟悉的幽香飘来。终于，她再次盛开了！我走近茉莉，看到那熟悉的花朵，那怒放的笑容。我不禁也笑了起来。一如故人重逢！

空中精灵

韩卓尔

我喜欢雨！

每在空闲时，我都会期盼，期盼着那些晶莹剔透的精灵从天而降……

春天的雨缠缠绵绵。它们缓缓地，飘下，忽而又被风轻轻托起，在风中展现柔美的舞姿。飘落到脸上，使人感到神清气爽，活力十足。在这样的雨天里，我总会骑着心爱的单车，享受那份无与伦比的舒适。有一回，我在楼梯的扶手上遇到了一滴春天的雨，它对我说："你可以把我顺着扶手吹下去吗？""那你不就没了么？""可是我想写诗……"它折射出灯光，异常耀眼，透着真诚。我终究还是按它说的做了，它果然在扶手上留下了属于它的文字。

夏天的雨轰轰烈烈。拥有撕裂大地力量的震雷夹杂着大大的雨点一起出现，狂风怒哮，天昏地暗，飞沙走砾。这实在犹如世界末日一般，我只有等待着那"盘古巨人"来开辟这混沌的天地。打得人生疼的雨柱重重地敲击着铝金板，发出沉重的"咚咚"声。有的雨落到湖里，发出轻盈的"咕咕"声，还有的落在地上，发出坚定的"啪啪"声，组合成一首优美的乐曲。嗯，这是第一低音。啊，那是第三高音。我在这个世界里，聆听着这独属于我的音乐。

秋天的雨凄凄切切。纯净圣洁的雨点冲刷着染上尘土的枫叶，带着几丝忧伤。我独坐在雨中，用画笔渲染着秋日的景象，那些顽皮的精灵们也跳到画纸上，融入一片金黄。秋天永远都是收获的季节，把纸放在鼻尖下轻嗅，果真有麦稻的芬芳！不禁想起《观刈麦》中的"足蒸暑土气，背灼炎天光"。空中的精灵啊，正是因为你们，才给农民带来了喜悦与清凉。

冬天的雨利利索索。就那么"滴嘀嗒答"地落着，没有一丝眷恋。我捧起一堆雪，向那个在我头发上的精灵问道："我还能再遇见你吗？""不能！""那你还会再从天上落下来吗？""会，但那不是我！"它的认真中带有几丝严肃，让我不禁心生悲悯。

空中飞舞的精灵啊，一年四季总有数不尽的悲和欢。每当空闲时，我都会期盼，期待着你们从天而降。

104

梦里槐花几度开

周志程

坐在室内，望着窗外的槐花，我沉思了好久。那一朵朵黑底白色细碎的槐花好像永远也开不到尽头。那花开了又谢，槐叶落了又发。我曾经在窗外的那棵老槐树下，怀念过我那逝去的童年。槐树上弥漫着欢笑与年华，我突然陷入那美好的时光而无法自拔。童年，我总会与奶奶一起玩耍，那些美好的时光时常浮现在我的脑海，奶奶给予我的爱，是伟大的，就如冬日的阳光，给我无限的温暖。

　　我打开那存放已久的老照片相册，上面布满了一层灰尘。或许因为岁月的流逝，早已淡忘了儿时美好的记忆。望着那一张张老照片，我不禁落泪了。看到年轻时的奶奶是那么青春焕发，但因青春的流逝，奶奶变得满脸皱纹，岁月犹如一把利刀，在她的额头上刻上一道道沧桑。奶奶的面容和双手已没有了光泽与生机。我曾不止一次发现奶奶两鬓的头发已渐渐变白，并稀疏了不少。

　　如今的奶奶已因岁月的流逝已变得苍老了很多，脸上的笑容也已经变得有些落寞，或许是因为我们平日的忙碌忽略了她，使她感受到岁月的孤独。或许是因为长时间的疏忽，使我与奶奶之间产生了隔膜吧，回想起儿时的岁月，我又不禁落下眼泪。我的脑海中突然闪过，儿时活蹦乱跳的我拉着奶奶的手一起玩耍时的情景。我的心又多了一丝难忘与惆怅，我埋下头，哭了好久。当我的内心正在波澜起伏时，我看到了窗前家里的那棵槐树，于是停止了哭泣。我的脑海里立刻浮现出，在我幼时一个炎热的夏天，奶奶拿着那把扇子，躺在槐树下的椅子上乘凉，我趴在她的腿上，听她给我讲故事时的情景。那时的槐树，一派生机勃勃，在骄阳下如华盖蔽日，烈焰下送来阵阵清风。我与奶奶在槐树的沐浴下，开心地玩耍着。想起那时的时光是那么的美好，泪水不知不觉从我的眼角滑过，我是多么想停留在那一刻，多么希望时间不会流逝。

　　望着窗前的槐花树，我发呆了很久，回忆起那一幕幕往事，我的心感到一阵酸楚。奶奶，我曾与您度过的那些美好时光，现在只能变成思念与回忆。如今的您对我的爱不曾改变，它好像随着槐树的花开花落，变得更加韵味深长，或许也正是这时光的飞逝，使我把您对我的爱当成一种唠叨与约束，而正是这种唠叨与约束，才使我拥有比较好的行为习惯，使我懂得如何去约束自己。或许正因为有这样的爱，才使我的童年丰富多彩。

　　窗前的槐树，饱经风霜却依旧毫不动摇。每当我望着这颗槐树，心中就会感到无比的激动。槐树似乎在告诉我："爱是一种力量，风雨是爱的一种坚守。"奶奶对我的爱似乎更让人寻味。我抚摸着这本老照片影集，望着窗外的槐树，我感到了从未有过的徘徊，我突然感觉心中有一种久违的激动。可能是因为奶奶就在我身边，而我却不懂得珍惜吧。时光过得很快，我渐渐长大而奶奶却随着时光而渐渐老去。我的内心似乎在一遍遍重复着这句话：不要等错过了，才懂得珍惜。

槐树的花开花谢让我激动却不堪难忘，望着槐树，我回忆起儿时与奶奶相伴的快乐，它使我懂得不要等错过了才懂得珍惜。奶奶，您若是风，我愿长相厮守；您若是树，我愿做一棵小草陪伴您天长地久！奶奶，您养育了爸爸，只因您是他的母亲，而我愿意用我的一生去孝敬您爱护您，只因您是我最伟大的奶奶。

106

别样的黄昏

程文龙

不知什么时候，门前的十字路口旁多了一架老式炒米的器具，器具旁坐着一个摇手柄的老人，看起来和我爷爷差不多，大概有七十岁了吧！

每天出门，总能看见这个靠老式炒米技术招揽生意的老人，他摆开一套年代久远的炒米工具，慈祥地靠在墙上，脸上挂着淡淡的微笑，或早或晚的阳光在他脸上涂上了金色，让人感到特别温暖，可有时，眼底却有一抹淡淡的担忧一闪而逝，可能是生意不好吧！

放学时，他也未停下摇动的手柄。只见他左手拿着一把有些破旧的蒲扇，一上一下像打着节拍一样给炭炉鼓气，右手握着手柄，缓慢而又坚定地摇着，不时望望炉里，夹起一两块木炭放进去，随后就会听见"砰"的一声，一阵扑鼻的米香味，弥漫在黄昏的夕阳里，似乎连余晖也散发出了香味，可我却从来没有想过去买他的炒米。

有时，回家的时候，看见他正在耐心地回答着大人、小孩的问题。在我的记忆里，那件满是补丁的衣服就是他的工作服，似乎好久未曾换过，还有那顶边沿已经破了，像流行的围巾流苏的帽子，一直紧紧地扣在他头上，看上去还很合适。

纵然他从未停下摇手柄的动作，可是顾客也十分少，甚至可以称得上是寥寥无几，在孩子们习惯了炸鸡和奶茶的时代，谁还会买这20世纪七八十年代的炒米呢？他的三轮车里经常堆起一袋又一袋的炒米。远远地看去，像一颗颗细小的珍珠整齐地码放在透名的塑料袋里，煞是好看。

一天饭后，我们一家三口出去散步，太阳的余晖照在炒米老人的身上，令他全身沐浴在金黄的阳光里，爸爸问妈妈说："想不想吃炒米？"妈妈爽口应下："买一袋吧！"

我走向炒米老人，说了声："老爷爷，来一袋！""好嘞！"他利索地从炒米桶中挑出一袋递给我说："三轮车里的都冷了，这里面的是刚熟的，热乎着呢！"然后，灿烂的笑容在满脸菊花般皱纹间漾开了，连夕阳也暖暖的。

他那带着疲倦之色的苍老脸庞渐渐隐没在了黄昏中，变得模糊不清。以后再听到那一声声"砰"的一响，我的眼前又会浮现出那在黄昏中摇着手柄的老人，想着他摇熟了一桶桶炒米，摇熟了一个个神秘的黄昏！

一线之间

鲁逸丝

　　炽烈的阳光像刀剑般刺穿了云层，深深扎入了大地，这一线之间的争夺只待一声令下。

　　拔河，河的两岸，是两支虎狼之师，他们身着战服，阳光为他们披上了凛凛铠甲，腋下的那根绳，是他们的武器！他们的骄傲！他们的荣耀！灼灼目光两岸相对，擦出星星火光，他们在沸腾，他们在燃烧，他们在无声的咆哮！争夺战一触即发！

　　"三！二！一！开始！"教官哨声有如战争开始的信号，划破晃眼的阳光，加油声、呐喊声、鞋底与地面的摩擦声如枪如炮般，一齐爆发出来。

　　看啊！他们身子绷得笔直，双臂用力地扯住绳子，脸上的表情是扭曲的，眉头紧蹙，张着嘴嘶吼着——但是，他们的脚还是不可避免地一点点滑过去、滑过去……不过十秒，我们班男生便输了。

　　对手的欢呼，如那炽烈的阳光刺入我们心中，叹息的声音在我们班级中低回。看来，没希望能赢了，这是没有悬念的事了。不仅如此，我们班几位重量级选手竟扭了脚，无法参赛了，我们的心更沉了。

　　换场地比赛时，大家都像发蔫的白菜，有气无力，就连加油声也没有了。对手，轻松地赢得了男生赛的胜利。

但，这怎么会挫败我们女生的志气呢？也不看看，我们个个身强体壮，平时打闹和男生比起来毫不逊色，没话说，巾帼不让须眉。

再看看我们的对手，又瘦又小，腿似麻秆一样细、手比筷子粗不了多少，娇声细气、弱不禁风，喊起加油来像蚊子在嗡。一看就是没好好锻炼过的，温室里的花朵一捧而已。

站上赛场，差距就更大了——我们的身高有压倒性优势。看来，这场比赛志在必得了。

哎？没想到小个子女生还有点儿力气。我加大了力气，紧咬双唇，向后用力地倒下去，绳向后动了几分，我向后退了半步。

"不好！"我暗暗叫了一声，脚下一滑，我向后一仰，便要倒在后面的人身上了。完了，心中如被电击一般的抽搐了一下，心脏似乎停止了跳动，眼前一模糊，一滴泪水凝滞在眼角，耳畔一空，似乎有什么轻鸣了几下，那是荣誉、骄傲、梦想破碎的声音……我们也要败了吗？

不，我们不能败！我机械地将脚向后奋力一蹬，正绞在了身后队友的腿间，我挣扎着竟终没有倒下，想欢呼。但现在，却不是时候，身后的同学的脚还被我踩着呢，我将我的洪荒之力都放在了另一只脚下，奋力向后扯。我身旁什么都没有了，只剩下这一根绳子，太阳依然耀，而世界似乎变小了，只有我在拉着这绳子。此时此刻我只为它而活，此时此刻我的生命就是这根绳，将绳子拉过来便是我的使命。

一步，两步，当那绳子像盼寒冬里的太阳一样满满的钻出了云层一点点移过来时，我的心也一点点明亮起来，竟有一点儿想要放松了。这时绳子却像明白我的意愿似的突然向前一收。是的，离成功还有一步，若就此放手，便失去了那唯一的机会。继续用力拉——

突然，耳畔响起了沸腾的欢呼声，我的队友抱住了我，什么时候了？我们赢了？！当全班人欢呼时，我竟站在原地不知所措，激动、欣喜、兴奋让我的大脑短了路。没想到,前面一场未赢的我们在这场比赛中竟然胜利了!

炽烈的阳光像我们炽热的心,在这个激动人心的下午疯狂地跳动……

成长路上有阳光

卢书玥

打开记忆的匣子,窗外的一束阳光透进来,照亮了一双伤痕累累的舞鞋。思绪飞快地划过,带我回到了那难忘的一天。

铅灰色的乌云霸占了整个天空,雨滴划过死寂的世界,"咚咚"打在滚烫的地面上。多姿多彩的生活仿佛一下子失去了生机。

"啊……"一声尖叫打破了沉睡的世界,一个穿着公主裙的小女孩摔倒在地,她赖在地上哇哇大哭,想让爸爸怜悯她。

这个天真的小女孩就是我。

第一次在电视上看到"旋转摇摆",我就深深地喜欢上它。觉得人类能用自己的身体表现出一种动感美,是不可思议的。于是,我就利用这个暑假报名参加了舞蹈班。

刚开始,我总是不太适应,四肢僵硬的我时不时摔倒,"啊!"我又摔倒了。

我可怜巴巴地望着坐在一旁的爸爸,用无辜的眼神投向他,等待着他伸出援手。可爸爸却仍然无动于衷,我不明白为什么,爸爸这次

不再扶我重新站起来。难道爸爸厌烦了反反复复的扶起？又难道……我用小手困难地撑起，双腿用力一蹬摇摇晃晃地站了起来。我愤怒地瞟了爸爸一眼，一时冲动跑了出来。

天空被打翻了的墨汁染成了深黑色，雨依然淅淅沥沥地下着。"嗒嗒！"冰凉的雨水滴在棕色的屋檐下，滴在前面的台阶上，滴在我的心上。身心冰冷的我多么希望这时能有一束阳光拥抱着我，给我温暖，给我希望。可是，无情的天还是狂风暴雨，墙角的一朵小花即使有宽大的墙壁作为依靠，也仍受不住风雨的考验而弯下了腰。

我沮丧地蹲在教室门边，"咔嚓！"门开了，爸爸走了出来。他用眼睛上下扫了我几秒，像要把我看穿似的，一下子就知道了我的心事。爸爸抬起他温暖的手抚摸着我的头，微笑着说："爸爸不是不爱你而不扶你的，你总是喜欢依赖爸爸，每次跌倒都会习惯性的要我扶你起来。如果你一直这样依赖爸爸，有一天爸爸不再扶你起来了，你就连爬起来的勇气都没有呢？你要学会自己生活，去开创美好的未来。"

爸爸温暖的话语，温馨的抚摸，慈爱的目光就像一束及时的最光温暖了我的心。

虽然天空依然没有出现太阳，但是我相信墙角的花儿经过风雨的洗礼，能在阳光下更加茁壮成长。

那天阳光好暖

　　未等我开口说话，只见她对站在身旁的乘客说："请让一让！"然后又随意地挽起我的手臂笑着说："好久不见，你怎么在这里？你在听什么歌？"她说的话让我感觉她真的是我一位久未重逢的朋友。

秋天的木兰大草原

赖怀娅

风轻轻吹过，赶走了炎热的夏天，迎来了美丽凉爽的秋天。一眨眼便是满眼的金黄色。

从高处眺望，远处的风景特别美丽。依疏可见旅游的人在这草原中扎营，高大泛黄的树木舞动着，庆祝这美好的时刻。草地起伏不平，显得远处的景色更加迷人。

一条蜿蜒曲折的小路在这美丽的草原上显得更加特别。似乎整个景色都为她而生。许多调皮的小树，似乎还在留念夏天的味道，仍然不肯换上新衣服，在草地上涂上醒目的绿色。就像出自于一位有名的画家之手，美得不能用言语形容。

远处的天蓝得有点儿像画板调出的颜色，和后面的小山融合在一起。地上的草儿几乎已经泛黄，只有几处铺上了浅绿色的垫子。

远处依疏有些树木伫立在那让这有些空荡的草原变得温暖了许多。仔细看小高山上还有一个白色的蒙古包，虽然已入秋，人有点儿少，但景色依然美得不像话。啊！多么美的秋景啊，虽没有金灿灿的麦田，但有宽广无垠的金色草地；虽没有果林的硕果累累，但有起伏不平的小山；虽没有枫树的叶如似火，但有树儿的挺拔伫立。啊！多么美妙啊，如果在这里高歌一曲，心情该多么舒畅啊！

在蓝天白云下，凉爽的微风吹过，远处的山啊，幽深而神秘，你高吼一声，美妙的回声从耳边响起，该多么美妙啊！就如这草原上奔驰的骏马，如果骑上它，那感觉该多么美妙啊！在蓝天下，马儿与羊儿在地上寻找绿草，悠闲自在，让人羡慕不已，真想自己也变成一只马儿，在这宽广的草原中奔跑。这里如同人间仙境一般，谁都不会打扰你的休息，这里真像世外桃源啊，就如油画中一般。远处的绿葱葱的树木和草原形成反比，让人觉得这里不是真的存在。

傍晚的草原，幽寂而安宁，天空中一抹微红，让整个草原笼罩在这微红的夕阳下，池塘里的水映出美丽的夕阳，水面很平静，池边的草儿也长得非常茂盛，这清澈得像镜子一样的水中，倒映出树木的样子，显得更加梦幻了，而小山也逐渐消失在视线中。远处的人们也纷纷进入帐篷中，美好的夜晚即将来临。

木兰草原的秋天真是个美好的季节啊！

烟雨润沱江，边城飞凤凰

王一鸣

"一条小河从高山绝涧中流出，汇集了万山细流，沿着两岸有杉树林的河沟奔驶而过，农民各就河边编缚竹子做成水车，引河中流水，灌溉高处的山田。河水常年清澈，其中多鳜鱼，鲫鱼，鲤鱼，大的比人脚板还大。河岸上那些人家里，常常可以见到白脸长身见人善作媚笑的女子。"这是沈从文先生在《我所生长的地方》中的文字。

有山、有水、有船，有水车……正是凤凰古城所拥有的风景。这座有着江南鱼米之乡独特风情的小镇，有着与其他古城大相径庭的景致，却又饱含着与众不同的韵味。

　　到古城的第二天，一大早，我便激动地起了床，穿过长长的木质楼梯，来到开阔的阳台上，眺望远方的风景：太早了，太阳还没出来。所以能看到重重叠叠的山脉被晨雾笼罩的景象。西边的青山有一座小亭，孤零零地立在青山之巅，因为雾气缭绕所以有些看不真切，却又平添一番趣致，好似瑞气腾腾的仙境一般。这时我才真正感受到所谓的"三面环山"，那"背倚青山似凤凰"大约也是这个意思吧。我很喜欢这样的景色，便急急地跑回去，掏出相机不想不过一进一出的时间，太阳便迫不及待露出了小半张脸，雾散开了一些，阳光穿过树叶照射在隔壁屋檐下的一盏六角灯笼上，古城也被唤醒了！妇女们成群结队地来到河边洗衣服，捣衣声传遍了整座小镇；举着彩旗的导游带着旅客们开始了新一天的旅程，河边的姜糖店也开始了工作……一刹那，捣衣声、解说声、流水声、木槌敲打声、鸟啼声…不约而同地响了起来，汇集一处，仿佛一道自然的交响乐，在这个美好的早晨悄无声息地开始了，我也忍不住陶醉其中……

　　八点整，我们收拾妥当后便出了门，走在凤凰城的街头，古城曼妙的风景才完完全全地呈现在了我们面前：由青石板铺成的道路，大理石砌成的护栏，迷宫似的大街小巷，熙熙攘攘的人群，灰瓦白墙的房屋，依江而建的吊脚楼，随处可见的特色小店，还有那孕育了一代文豪沈从文先生的古典四合院……无一不让我流连忘返，赞叹不已，但在许多美妙的风景中，最让我留恋的并不是这些，而是贯穿了这座小镇的母亲河——承载着一叶叶小舟的神秘沱江。

　　走在沱江畔，徐徐微风吹拂在游客的脸上，带来令人无比惬意的水气。尽管已是初夏，但在水边却一点儿也不热，只让人觉得舒适；沿着沱江边散步，我们观赏到了许多独特的景致，也不知走了多久，终于看到了一处竹亭，那里正在售卖着农家船的船票。若说此行最令我期盼的游玩项目，莫过于沱江泛舟了。

我和妈妈买了两张船票，便登上了停泊在一边的农船。船是木制的，靠背上可以看见树的纹理，船夫撑着竹篙，站在船篷处。不一会儿，船便开始缓慢地前行：青山倒映在缓缓流淌的沱江中，映出清秀靓丽的身影，水面不时掠过几只游鸟的飞影；河边的道路上，零零散散的游人在散步，我望着江面，忍不住将手伸进水中：这水不似海边浪潮的汹涌，也不如寻常湖水的平静，却是以一种恬静淡然来滋养它的子民；用一种温柔与和蔼来包容万物，我不禁有些动容。"上善若水"形象地呈现在了此刻的景象中。"水善利万物而不争。"不曾想在这与世隔绝的乡镇中，竟有如此美丽又沉静的水，我掬起一捧水，沱江的水真清啊！透过水面可以清楚地看到水底飘扬的水草，捧在手中，也是完全透明，和自来水一样清澈，不，是比它更胜一筹！沱江的水真绿啊！就像一块镶嵌着山麓树林、行云流水的巨大绿宝石，在阳光的照射下熠熠生辉，反射出耀眼的光芒。好像是这水染绿了水草，而不是水草映绿了满江的水。

船夫一边撑着船，一边与我们聊着些乡土人情。江边出现了一座褐色的高大建筑，我不由得有些好奇。近了，近了，更近了，终于能看清了，原来那是一座古老的吊脚楼。船夫向我们介绍道，这座吊脚楼已经存在了许久，是木质的，历经多年依然完好无损。我向那边望云，房屋上悬挂着几个大红灯笼，为这陈旧的建筑增添了几分喜庆。岁月悠悠，百年的时光，它是否也曾幽怨过，对着永远一成不变的景，永远荣辱不惊的流水，如此难熬的时光，它是否也曾厌倦过呢？虽然这些我都不知道，但我敢肯定的是，即便是千百年的时光，它也只会昂首挺胸，孤傲而寂寥地看着一天天的日出日落，听着一代代鸟儿的耳语，守候着这片它挚爱的土地……这样想着，船已经向前行了数十丈，吊脚楼也渐渐远离了我的视线……

船又行了一会儿，经过了一座雕梁画栋的大桥和一段湍急的水流，便返航了。有关沱江的记忆也就此告一段落⋯⋯

有人说，湘西美在沈从文的书里，美在黄永玉的画里，美在宋祖英的歌里，美在谭盾的琴里，美在罗洗河的棋里。但在我看来，更美在烟雨凤凰。这里有树、有鸟、有船、有歌，更有着珍贵的回忆和带不走的欢歌笑语、锦绣山河。

竹筏·湖水·印象

盛子彧

118

清晨，雾霾中，乘着竹筏，又一次来到了陡水湖，幼时也来过的，只不过如今，已没有当年的"豪情万丈"，多了一份平静与释然。

阴霾笼罩着天空，所以天不大亮，不过，却更添了一丝独特的韵味，极目远眺，茫茫的群山，连绵不断，在雾霾的笼罩下，若隐若现置身其中，那是一种悠远和从容，周围很寂静，隐约望见渔民划着小船外出打鱼，悠悠地，与这山、这水融为一体，形成一幅很唯美的画卷，这是用尽一切溢美之词都无法形容的。

轻轻地弯下腰，掬一捧湖水，清澈而清凉，竹筏摇曳在湖面上，未感觉竹筏在动，只望见舟尾轻轻泛起一圈涟漪，如果没有竹筏的"骚扰"，湖面会似透碧的琉璃般散发着美丽的光泽，偶尔一只雨燕掠过水面，抑或一尾调皮的鱼儿，跃过水面，往往会打破这许久的沉寂，周围的一切都像睡着了般，氤氲起一丝温暖的气息，积滞的零散的漂浮的思绪，都被这悠然的湖水、茫茫的群山吞噬得无影无踪，随波而逝了。

不知何时，湖面上开始泛起细小的，一圈圈不易察觉的涟漪，霏霏的小雨轻轻地降落，风景渐渐蔓延开来，周围的一切都逐渐变得清晰明朗起来。岸边的林木或许是被周围沉闷的气息打压得抬不起头来，此刻都贪婪地呼吸这片刻的清新，湖面倒映着天空、白云。险峻挺拔的山峰，清澈的溪流把山路拦腰裁断，盘旋而下，我的眼睛贪婪地望着周围的一切，这雨中如梦似幻的景致，即使是岸上不知名的野花，与匆匆飘过的云彩，也不甘心放过。

雨中的陡水湖，那是一种别具风韵的景致，也不同于"气蒸云梦泽，波撼岳阳城"的梦幻，不同于"水光潋滟晴方好，山色空蒙雨亦奇"的秀丽，亦不同于"清海飞云暗雪山，孤城遥望玉门关"的豪迈，它就是它，一个没有任何铅华粉饰的它，一个纯朴自然的它，一个悠远从容的它……

119

昏昏欲睡，梦境中似乎又隐约听到了陡水湖迷蒙中的呢喃……

登　山

陈博阳

登山，是让我听到就精神一振的事情。在此之前，我只看过登山的纪录片，没想到在今日竟能亲自在体验一番，真是幸哉幸哉！

我站立在双峰山脚下，望着那白云萦绕，略带仙气的山顶，心中不免有点儿向往。

爬山的路径是一条蜿蜒的石阶路，开始时，我轻捷地跨过一级级台阶，看着两旁地风景，我心情无比愉悦，此时我就像一朵含苞欲放的荷，充满了勃勃生机。因为我行动太快，所以我不得不常停下来等着我们的人，等待的过程中我不禁得意地笑：爬山原来这么容易，看他们那慢吞吞的样子，果然我真的比别人强啊。

又走了一会儿，我感觉双脚有点儿不听使唤了。看着已经超过了我的弟弟妹妹们，我有点儿沮丧：难道我连小孩都不如吗？不行，我不可能比他们差！于是我努力地跟了上去。

渐渐地，我实在是没力气，走走停停。不料，没注意脚下，一根树枝划破了我的腿，疼得我龇牙咧嘴。体力不支、受伤，一个接一个挫折打击着我，此时我就像无助的花苞，被暴雨拍打得左右敧斜。

正当我一屁股坐在地上不肯走进，叔叔一把将我拖起来："小伙子不行啊，后面的路还长着呢！""累啊！痛啊！"我又坐在了地上惨叫着，就差没打滚了。"那你人生路也要这样走下去？"丢下这句话，叔叔就到前面去了。

当时我并不懂深层含义，只知道叔叔在讽刺我，当时我就不高兴了：凭什么笑我？我为什么要被嘲笑？我一定要证明自己！想着，我从心底里冒出一股狠劲，支撑着我一口气走到了山顶。

到达了山顶，我发现这云深不知处的亭台是那么有意思，站在亭台里，对着大山放声呼喊，一切都是那么畅快。一朵由信念凝成的荷花在我心中绽放，它是那么美丽。山顶有点儿冷，但我喜悦的心情却丝毫不减，这就是我战胜困难的兴奋么？

感 谢 有 你

屈文露

在这里，我最想感谢的人，是陪伴我仅仅半年的一位朋友。跟她在一起的时光虽然短暂，我却很开心。

满脸雀斑，却没听她抱怨过；虽然不高，也没见她自卑过。

记得她第一次教我画画的情景，当时我画的是一只小狗，画完之后给她看时，不知谁说了一句："呀！看新同学画的画，好丑呀！"随着这一声叫，全班同学都围过来看热闹。本来我就很尴尬，却听见一个响亮而又熟悉的声音响起："我认为画得很好，你们看这狗的眼睛很有神，像……嗯……像一只可怜的小狗正祈求……它的主人不要……丢弃它。"

"切！"听她这一说，全班同学都甩出一个字，鱼贯而出。

课间，我们商议到草地上复习功课。一阵沉默之后，我首先打破了寂静："谢谢你帮我解围！"

"其实你画得很好的！"

"比起你，很差……而且……画完我才知道……狗的眼睛……不是那样的。"

"呵……呵，加油吧！"

还有一次，她邀我去她家玩。刚进家门，我就被一只大黄狗吓着了，她帮我把大黄狗赶走了。之后，为了讨好那只大黄狗，我们把猪粮给大黄狗吃，正好赶上她妈妈放猪，那猪好像着了魔似的朝我们冲来，那眼神仿佛在说："你们居然用我们的粮食喂那只憨狗！"

我还没有回过神，便被她拉着往我家跑。回到了家里，虽然很累，但我们都感觉很刺激，好像刚才不是在逃命，而是在探鬼屋时被那些鬼吓得乱跑。

这一天，很快地过去了。这一天，我们很开心。

因为有她，我的生活很精彩。虽然时间很短，但我很快乐！但愿她在外地能过得很好！希望我们再次相见时，她会记得我！

幸福的三轮车

董川娥

父亲的电动三轮车是今年夏天在二手市场买回来的。

那辆车就停放在院子里的老榆树下，在树叶斑驳的投影中，车体油漆脱落的地方已经爬满红锈，唯一干净有神的，便是那两块装在车头上的后视镜，反射着日光，格外明亮。

父亲自从有了这辆车，没事就爱坐在车上抽根烟，或是开出去逛两圈，十分得意。他把车清洗得干干净净，不仅给轮轴上油，还换上了新的轮胎，用毛巾将坐垫擦得锃亮。这时，那辆二手的电动三轮车，才在父亲的打理下有了些许生气。

父亲有了这辆车，自然要在宝贝女儿面前显摆显摆。这不，他马上要送我上学——用那辆虽然经过打理但仍有些旧的电动三轮车。这种三轮车在车头后有一个较大的露天车厢，我需要坐在那个父亲早已为我准备好的红塑料小凳子上，被那个三轮车一直载到学校门口。

或许父亲不懂我所谓的"面子"，在我久久地推辞之后，父亲黑着脸说："快点儿上去！天要黑了，再不走就要迟到了！"

"不用了，我自己坐公交车。"对于吃软不吃硬的我，父亲的话根本没用。

"快上来，别再耗了！"父亲焦急地按着喇叭，催促着我，我感觉那声音更加聒噪。

"我自己坐公交车！"我大声嚷着，说完就自顾自地向公交车站走去。父亲没办法，只有骑着车，小心翼翼地跟在我后面。

天色渐渐暗了下来，许是心底的烦躁与公交车迟迟不来，再加上父亲一直跟着我，我的心一软，缓缓地向那辆停在晚霞中的电动三轮车走去。至今我还记得，当我跨步蹬上车身时，那车身还极不情愿地发出了"吱吱"的声响。

"你看看你！现在真是越来越不听话了！真倔，九头牛都拉不回来。"父亲见我上了车，拧了拧钥匙。这时，车像一只发疯的野兽一路狂奔。

"哼，那还不是因为你！你看，人家的爸爸，哪个不是开着小车送自己的孩子上学，只有你，快看看这破破烂烂的三轮车，真丢人！"我高声驳斥，这个让我在同学面前抬不起头的人，令我愤懑。

由于车上没有任何遮挡物，风在我的头上吹过，我的头发在空中飞舞，我正打算对着车头上的后视镜整理整理，往镜子上一瞥，却呆愣住了。父亲的脸涨得通红，细密的汗液从额头渗出，眼里含着亮晶晶的东西。啊，难怪他一路沉默，原来是不想让他最爱的女儿知道他心底的痛。

我不禁惭愧。自从母亲离开家后，这些年来，爸爸既当爹又当

那天阳光好暖

妈，岁月的刻刀已把他的脸颊划伤，额头上现出一道道皱纹。从小到大，爸爸一直关心我，我想要什么，他都会尽量满足我，而他却从来没穿过新衣新袜。他自己的一分钱都想扳成两半花，却一直对我慷慨大方。他总是勤勤恳恳，十几年如一日地把我拉扯大。我叛逆乖张，小考失利时，他却一直对我好言相劝。

想到这里，我鼻头泛酸。这几年，我做了多少让父亲丢脸的事，现在，我却因为这件事，向他大发雷霆。

到了学校，我下车后对父亲说："以后……还是你送我来学校吧。"

"嗯！"父亲对着我，点点头。我分明看到柏油马路上显眼的那水滴，不知是汗，还是泪。

我目送着父亲骑着三轮车离开学校，他的车与繁华的城市背景格格不入，但那破旧的电动三轮车所承载着的，却是满满的幸福……

124

手皮厚，不会烫

黄一丹

儿时的我不爱吃鸡蛋，爸爸就绞尽脑汁，做出花样的蒸鸡蛋让我吃，才让我改掉了不吃鸡蛋的坏习惯。

三个月前，我一个人在家，自己做午饭，不一会儿饭就蒸熟了，打开电饭煲，看着白净净的米饭上放着一碗蒸熟的金黄金黄的蒸鸡蛋，笑着伸手就去端那碗蒸鸡蛋。

"嘭嘭……"因太烫，刚伸手端出来就掉到地上，本能地把手伸到冷水里。

虽然被烫，但心里仍耿耿于怀。

九岁那年，我还是个懵懵懂懂的女孩，坐在爸爸腿上，新奇地玩弄着爸爸脸上的胡楂儿，爸爸憨憨地笑个不停。

爸爸满带笑意地对我说道："今天是你生日，九岁不是什么大生日，但也不能不过生日，今天想吃什么？爸爸都答应你。"

"好啊！好啊！今天是我生日呀！我要吃蒸鸡蛋。"我大笑地对爸爸回答道。说着，爸爸就把我抱了下来，叫我自己玩会儿，只见他只身进了厨房。

爸爸不陪我玩了，我就一个人到房里看电视了。我在房里看电视时不时能传来爸爸到处走到哼着小曲的声音。

墙上的钟嘀嘀嗒嗒地转着，不知过了多久……

"丫头，出来吃饭了。"

"来了，来了，吃饭喽！"我蹦蹦跳跳坐在了餐桌上，等着老爸来上菜。

不一会儿，菜陆陆续续地上桌了，唯独不见我最爱吃的蒸鸡蛋。

"爸爸，蒸鸡蛋呢？"

"哦！在电饭煲里蒸着呢！"

"哦！爸爸，我去端出来。"我说着就打开电饭煲，准备端出来。

"停停停，我来，我来端。"爸爸焦急地拦着我，并伸手把那碗蒸鸡蛋端在了桌上。

开始吃饭了，爸爸一本正经地对我说道："刚蒸好的鸡蛋，很烫，可不能用手直接端的。"

"可是爸爸你刚才也是用手直接端的呀！不烫吗？"我疑问道。

爸爸尴尬一笑："没事，爸爸手皮厚，不会烫。"

我也就轻轻点了点头，开始吃饭了！

现在想起来觉得，爸爸，您真的没骗我：手皮厚，不会烫。

银杏黄，饼儿香

丁亦鸟

我拖着沉重的步子走在城市的林荫道上，带着不明的委屈、愤怒甚至不甘。银杏树枝纵横交错，阳光透过树叶投射到地面上。我照着那阴影左一脚右一脚地交错踩着，就像这样能发泄我的不满一样。

我走过那个十字路口，在一个卖手抓饼的小摊前停下来，十分没好气地问："这个手抓饼多少钱？"那对夫妇是聋哑人，咿咿呀呀地说不出话来，然后用手指了指那个告示牌。他们互相帮忙做着手抓饼，配合默契。等做好了手抓饼，回以一个微笑后递给我，似乎是怕顾客等着急而恼怒似的。我的心情在他们的一个微笑下似乎变得好了起来。

拿着浓香的手抓饼，心情是真正地好了起来。付了钱之后道一句真诚的"谢谢"，他们也随即回以微笑。

阳光和煦地照在身上，使人十分舒服。走不多远，突然发现有人追我。原来是刚才那对聋哑夫妇气喘吁吁地朝我跑来了，有些咿咿呀呀地说不清楚。他们指了指钱，又指了指我，做了一个我看不懂的手势。过了一会儿，反射弧巨长的我终于懂了，原来是钱给多了。我也很感动，为教过我的数学老师和对人热心的聋哑夫妇。我那时可能忘了他们听不到，但是他们也开心地笑了，因为我说了声"谢谢"。这时，我才发现这是个多么感人的词啊！两个不同年龄不同阶层的人相对着，互相微笑在落日的余晖中。在银杏树下，构成一幅十分美好的画卷。

我走在那条林荫道上，银杏叶落在地上，发出细微的声响。我迈着轻快的步伐，嘴里哼着不着调的歌，随机捡起地上一片淡黄的银杏叶作为我的礼物。

夕阳西下，心情似乎来了个一百八十度的大转变。风一起，银杏叶又落了，落在地上。淡黄淡黄的为行人增添了一份好心情，我把它夹在日记本里作为今天一段难忘的经历。

同学，请上讲台来

黄 丹

小时候的事都不太清楚了，只知道我从小就很安静，很胆小。若要去哪里，宁可绕远路，也不敢走在大街上，甚至连喧闹的街上，我都不敢去，买东西时，别人颇为费力才能弄清我需要什么……

曾经妈妈带我看过医生，医生对着哭成泪人的妈妈长叹一声说："你女儿生理功能完全正常，之所以不说话，可能是心理创伤之后的自闭。"无奈的妈妈只好带着我回家……

直到上小学的开学第一天。我走进教室，到角落坐下来，环顾一周后，望着窗外，一颗梧桐树立在那里，被风吹得有些狼狈。

叮叮叮……

铃声渐弱，我才回过神来，讲台上已站着一位年轻的女老师，淡淡的笑容十分甜美。我的目光仅仅停留了几秒，又回到我的世界里。梧桐树轻轻舞动着，时而向我鞠躬，时而对我微笑，于是我们交换着心灵。

"梧桐树，你好！我叫黄丹，我一个朋友也没有，你愿意和我做朋友吗？……"

"好啊！"风从梧桐树旁轻轻吹过，梧桐树点了点头。

"同学，同学……"突然一阵阵呼唤声闯入我的世界，我呆呆回过头，只看见年轻女老师用期待的眼神看着我，说着："同学，请上讲台来！"我呆呆地坐在位子上，没有任何反应。同学们对我私语道："同学，上讲台去呀！"我更是莫名其妙，同学不解地看着我，老师还是那期待的眼神。我缓缓地站起来，望了望老师，看了看同学们，急得眼泪都快掉下来了。

"同学，请上讲台来！"一道轻柔的声音传入耳内，我急忙瞟了一眼窗外，梧桐树立在那儿一动不动，我的桌面上不知何时多了几粒晶莹的水珠。

"同学，请上讲台来！"又是那道声音，我的身体完全不受控制，缓缓地踏出脚步，仿佛每走一步就离"地狱"更近了一步。不知走了多久，我终于站上了讲台。

久久的沉寂过后……

"刚才前面同学的自我介绍都很不错，让我们看看这位同学会有怎样的表现吧！"依旧是那道女声。我想了想，突然……

我带着哭腔，哽咽道："同学们……大家好……我叫黄丹……我一个朋友……也没有……你们愿意和我做朋友吗？"

我支支吾吾说完后，终于止不住眼泪……

紧接着一阵阵掌声响彻整个教室……

那天阳光好暖

周智诚

  冬天的天空像蓝丝绒一样美丽，太阳明晃晃的，简直让人睁不开眼睛。我抬起头望向天空，觉得这个场景是似曾相识，不经意间想起了那一天。

  那天，我坐公交车上学，车上很拥挤，我几乎透不上气，人挤人得让我够不到扶手，只好勉强地站着。一个急刹车，我差点儿把前面的人扑倒，好不容易站稳，突然看见斜对面坐着一个大概十一二岁、扎着一条长长马尾辫的女孩。她笑盈盈地看着我，招手示意，让我过去坐。我连摆手谢绝她的好意，并转过身。突然感觉身后有人碰了我一下，公交车上的触碰是在所难免的，我没太在意。为打发这段痛苦的时间，我只好塞着耳塞听歌，周围的声音也就听不到了。

  不知不觉我的思绪跟着歌声飞出了很远，周围发生什么事都不知道。

  忽然我的手被一只柔软的手拉了一下。我一回头，原来是她，她为什么要拉我呢？

  未等我开口说话，只见她对站在身旁的乘客说："请让一让！"然后又随意地挽起我的手臂笑着说："好久不见，你怎么在这里？你在听什么歌？"她说的话让我感觉她真的是我一位久未重逢的朋友。

就在她与我说话的同时，她已经站在我刚才的位置，可能是身高的缘故，我发现她身后有一个穿黑衣服的男子，稀疏的头发，还有些杂乱，脸不自觉地朝向窗外，苍白的脸上透过一丝紧张，看样子大约四十几岁，一只手还放在口袋里。还没等我回神，她便用手拉掉了我的一个耳机，趁机在我耳边小声说："别看，那人是小偷。"又将耳机塞到我的耳朵并对我说："姐姐，你听的流行音乐我不太喜欢。"又嘟起小嘴，向我眨了眨眼睛。

之后，她到站了，我坐在车里，透过窗户，我看着她的背影，眼睛湿润了。她为什么对我这么好？我无从知道……那天，阳光好暖。

太阳还是那样明晃晃，暖意依旧深入我心。一个善良的人每一个无意的瞬间都能照亮他人的心。小女孩一句善意的提示，让我看到了这冬日里最美的太阳。

最萌身高差

王　慧

当我们呱呱落地的那一刻，父母便会觉得自己是最幸福的；当我们学会叫"妈妈、爸爸"时，他们便会感到幸福；当父母看着我们成长时，他们便备感幸福；当家人都健康地生活在一起时，他们便会幸福！

儿时的我，很瘦小。

每次人潮拥挤时，我便会被爸爸抱到他那宽厚的肩膀上，在上面开心地笑着，有些兴奋了便会不停地在爸爸的宽肩上舞动着，那时，妈妈也在一旁，嘴角有一朵花，名叫幸福！

那时的爸爸很高，很高，我总觉得爸爸是最厉害的！

上小学了之后，我们依旧是开心的，虽然爸爸总爱发脾气，但他依旧很好，很爱笑。

每次牵着爸爸的手去学校时，我高傲地像只天鹅，因为我爸爸是所有家长里最帅最高的！

可是为什么我不太高呀，我有些苦恼，爸爸却总爱嘲笑我，应该找根绳子把你拉高！而我只会给他一个单音字"哼"，但爸爸总说你会长高的，别急！

老师曾说过："女儿是爸爸上辈子的情人。"全班同学都笑了。

我也笑了，可是现在的父亲似乎不怎么爱笑了，虽然他对我依旧很好，但我们之间却从无话不说演变为无话可说了。

记忆中那个在我蹒跚学步时，父亲笑着高举我架在肩头的画面已难以复制了，那时的父亲多高啊，人也长得帅呢！

但是现在呢？父亲似乎苍老了许多，身子似乎也有些佝偻了，是我的错觉吗？不，并不是。

为什么我们的成长偏偏要建立在父母衰老的岁月上呢？成长，不是我们自己的事吗？

现在的我长高了，父亲却"矮"了。

时光夺走的不仅仅是父亲的身高，还有笑容和年轻啊！

午夜时分，梦中的我变小了，爸爸变年轻了，瞧，爸爸依旧把我架在肩上，妈妈也在一旁，此时，我们每个人嘴角都有一朵花……

我的书包

代雨晴

　　和每个学生一样，我也有属于自己的小书包。我特别喜欢它，每每看见它总会感觉很亲切、很舒心。它的全身像被红墨水染过一样，红得发亮，虽没有过多的花纹装饰，样式也很普通，却给人一种舒适的感觉。书包小巧可爱。它既可以背在身后，又能够提在手中，可以减轻我的压力。

　　书包内有两层，可以把东西分类放在里面，便于管理。最里层还有一个小口袋，有什么小东西都能装进去，我的钱包也放在它的"肚子"里，它一下子就成了我的管家，监督我节约用钱。

　　也许在别人眼里它很普通，但在我心里它却是意义非凡，因为它浓缩了外婆对我的爱。

　　这个小书包是外婆送给我的。她知道我要上六年级了，特意拿出积攒许久的钱，给我买了这个书包作为礼物。虽不名贵，可我的心却充满了感动。我还清晰地记得外婆当初对我说的话："娃，到了毕业年级要好好学，不要再贪玩，外婆相信你，你一定不会让我失望，是不？"我强忍着泪水点了点头。每次看见这个书包，我就会想起外婆的话。这个书包寄托着外婆对我的殷切希望和浓浓关爱。

　　书包虽常见，但外婆送给我的这个书包在我心中却是独一无二的，每次背着它，心都是暖暖的，感觉很踏实。当我遇到挫折和挑战，感动十分委屈和难过时，只要一看见这个书包，我的心就一下子变得坚强起来，不再害怕失败。我知道一定是外婆在激励着我，不能认输，不管结果怎样，自己也要去努力一把。我看着书包，仿佛外婆就在我身边。

每次闻到书包的气味，我都会感觉心里甜丝丝的，因为这是爱的味道。

因为有爱，不管走到哪里，我都不会感到孤单！

秋天的落叶

王　珩

133

一片黄叶无声地飘落在我跟前，我仰面一看，路旁的银杏树不知啥时，已悄然换上了秋天的束装。

拾起几片飘落在我脚下的落叶，我惊奇地发现，秋天的落叶竟也这般多姿多彩：浓绿并未褪尽，却平添了成熟的金色；它，或许已经苍老，面部只有一片褐色。它，虽无晚霞般绚烂多彩，虽无柳树那般轻柔飘逸，但足以动人心弦。绿如玉，褐如夜，金如霞……在地上交织成一幅五彩的画卷。

突然袭来的一阵暖风，更多的叶子飘落下来，就如秋天的蝶在空中翩翩起舞。可也如深秋的蝶，消逝得那么快，如此地无声无息，只能在瞬间捕捉到它的美丽。脚小心翼翼地踩在秋天的落叶上，发出清脆悦耳的响声，萦绕在耳畔。

　　有人说，秋天的落叶是枯槁的，没有任何价值。我却不以为然。"落红不是无情物，化作春泥更护花"。坠落在秋天的它，融入泥土成为大树妈妈的养料，孕育着春的希望。我相信，在明年春天的嫩芽里，一定有秋叶淡淡的微笑。

　　它有过遗憾吗？它有过不舍吗？它有过后悔吗？我想，它一定没有，因为它知道：它的一生虽然短暂，但经历过风雨，经历过欢笑，在弥留之际，留给这个世界无限的美，便知足了。

　　又一片落叶飞落肩头，飘然而下……

你好，明天

李　婷

　　每个女孩都梦想自己有出众的美貌、苗条的身材和显赫的家世，当然，我也不例外，但我知道那是梦，也只能是梦……

　　我会常常幻想，如果没有发生当年的那件事情，现在的生活会不会发生翻天覆地的变化？

　　在我还未出生以前，家里一贫如洗，穷得连块豆腐也要赊账。在当时那个年代，每个人都很自私，没有谁会来救济我们家，不管是我的外公外婆还是我的亲戚，那个时候，爸爸妈妈和姐姐经常过着有上顿没下顿的日子，吃碗热干面都是三个人一起分。只要下雨，我家的房子就会漏雨。那个时候的日子真是苦。后来妈妈怀孕了，怀的就是我。一开始，大家都很兴奋，可是，一个令人头疼的问题又来了，孩子生下来怎么养？家里三个人的负担本来就重，如今又要加上一个人。索性大家都不去想，顺其自然吧！可是后来，妈妈看见爸爸一身伤，就问他伤怎么来的，爸爸只是摇摇头说没事。第二天，爸爸上班的时候，妈妈就悄悄地跟了出去，才发现爸爸原来在打两份工。妈妈看见他的时候，只看见爸爸挑着砖一步一步艰难地往前走。妈妈哭了，她知道爸爸是为了"我"，所以他在努力给我们一个美好的家。天有不测风云，母亲怀着八个月大的"我"，踩着板凳去修窗子，正巧那天爸爸去上班，姐姐也去上学了，妈妈不小心从板凳上摔了下来，而成就了现在这个没有耳朵的女生，也就是我！我是早产儿，生下来只有三斤多，加上耳朵的缺失，我成了医院妇产科的重点保护对象。这些事，都是妈妈等我长到十岁的时候才跟我说的。她说她从来没有后悔生过我，因为对于一个生下来才三斤多一点儿、耳朵又缺失的我，活下来就是个奇迹，一个让他们感到开心而让我背着流言和讥讽的奇迹。他们为了我整日奔波劳碌。不管我的睡姿怎么样，小孩子的骨骼是最柔软的，就那样，我的脸渐渐开始变形，开始扭曲而他们丝毫没有发觉，等他们发觉的时候，我的脸已经定了型，再也不能恢复正常了，我不敢说我没有恨过他们，可是我想恨也恨不起来，姐姐为了我的手术辍学打工，妈妈为了我的手术早出晚归，爸爸为了我的手术整宿整宿地睡不着，没有发泄对象的我渐渐开始把自己封闭起来，不爱与人说话，不爱出门，就算出门也是低着头走！

　　不知道什么时候，自卑感也渐渐找上我，不知道是不是因为学校有人嘲笑我，不知道是不是因为我不爱说话，不知道是不是因为我老爱哭，不知道是不是因为连学校的老师都看不起我……我开始做出极端的事，自残，酗酒，上天台，自闭……这些事我都做过，我想逃避现实！

　　有一天，学校聘请一位心理学教授来校讲课。那天开大会时，学校校长说了一些什么我没听，只见到一位差不多五十岁的人穿着一身西装走上主席台，告诉我们他这几天会在学校进行考察，同学们有什么不懂的心理问题可以问他，他会到每个班级查看……我下意识地看了班主任一眼，班主任也在看我，眼睛里闪烁着异样的光！果不其然，当那位教授来到我们班时，班主任把我推了出去，只见那教授对我和蔼地一笑，让我觉得整个身体都暖和起来，可是身边那些同学对我指指点点，说我真是有病！我跟着教授来到心理咨询室，他看着我手上的疤痕问我："这是你弄的么？"我点了点头，并不想多说话。他又问："你对自己有信心吗？"这是我最害怕听到的问题。他看着我低头不语的样子，笑着说："喔，我知道了，你是上帝派下来的天使，你要相信过去不等于未来，你要相信明天会更好，你要相信自己！不管以前的你怎么样，今天就都把它丢掉吧！明天会更好！……"我不知道我是怎样走出咨询室的，我只觉得内心受到了从未有过的震撼。是啊！过去不等于未来，我要相信自己！自那以后，我变了……

我开始学着跟别人打招呼，开始微笑，开始去顾及别人的想法，开始乐于助人，我也觉得我有朋友了，是啊！随着我性情的变化，我也觉得父母和姐姐没有以前那么古板了，家里的经济也好了起来，我们搬进了新房，看着属于我的小房间，我想起了好朋友的话：

明天你会更好！

亲切的怀念·如果我坚持

张妮妮

找到自己喜欢做的事，坚持下来，这样很酷不是吗？

但回想我曾经梦想过的种种，很多都是半途而废。如果我坚持那会怎么样？

七岁的我喜欢跳舞，开心的时候跳舞，伤心的时候跳舞，我喜欢按着自己的舞步跳着优美的舞姿，更喜欢脚尖点在地板上享受着属于自己的独立空间。我转圈、跳跃，痴迷其中，忘了自我。正如灵魂舞者迈克·杰克逊所说："我继续跳着……跳着……跳到只剩下舞蹈。"那时的我梦想成为伟大的舞蹈家。可是，我们那儿唯一的舞蹈学校已经倒闭了，我的梦想也因此泡汤了，也就此放弃了。如果我坚持，长大后我或许会成为一位舞蹈家，你们可以在大街上看到我的优美舞蹈，甚至在电视上能欣赏到我的精彩演出。亲爱的，那样是不是很酷？

137

十岁的时候我喜欢捏橡皮泥，同学们也因此经常嘲笑我。因为那时的我，捏的橡皮泥奇形怪状，不知是何物。现在想起来真的是奇丑无比。但是如果我坚持下去，可能你家里吃饭的盘子、碗、喝咖啡的杯子，甚至做装饰用的花瓶都是我捏的呢。亲爱的，那样是不是很酷？

十三岁的我喜欢绘画，会在任何看得见的地方留下自己的"作品"，比如各科课本、家里衣柜、墙壁、床单，包括家门口的水泥地、树干……我爱色彩的搭配与形状的堆叠。外婆家的大门和厨房的白墙上都是我大显身手的地方。外公因此数落我："画的是些什么鬼东西，把墙都画花了，丑死了！去去去，一边玩去！"如果我坚持下去，也许我家中摆着我精心搭配的花，很多画馆里都有我的画。亲爱的，很酷不是吗？

我曾经梦想过的种种已成为亲切的怀念，不管是一段舞蹈、一块橡皮泥或是一幅画，如果一直坚持下去，想必结果和现在不一样。坚持做一件事，哪怕只有一件，也许你就会成功！

镜前的父亲

方　健

清晨，一声清脆的鸟鸣，把我从美妙的梦境中唤醒。此时正值寒冬，被窝是我温暖的家。而父亲很早就起床了，他要帮我去街上买早餐。

我正好要上卫生间，当我推开门时，父亲竟然站在镜子前面。

看着父亲满脸的惊讶，我吐着舌头，满脸是笑地对父亲说："您看您都一把年纪了，还来照镜子？"

"谁说我不能照？法律有这项规定吗？你凭什么管我？"他佯装生气着说。

我无言以对了，走到镜子前，啧啧了两句。父亲突然对我说："如果有一天我老啦，你会不要我吗？"

　　这突如其来的问题让我一时语塞。还好，我很快反应过来："不会，为什么不要呢？"

　　"不是，我是怕我老了后，会连累你，给你添麻烦。"

　　"怎么会呢？您可是养育我的人呀，我感恩都来不及呢，怎么会抛弃您呢？"

　　"唉，真是老啦，连这么简单的道理都想不明白。"父亲脸上现出自嘲而又满足的神情。看着眼前的父亲和镜中的父亲，我突然觉得，时光像个无止境的大洞，贪婪地吞噬着父亲的青春年华，一道道皱纹是时光的痕迹。

　　父亲似乎注意到我在盯着他额头上的皱纹，满是沮丧地对我说："很丑，是不是？"

　　我笑道："怎么会呢？一点儿也不丑。"

　　"你在骗我！"他说道，"哪有皱纹不丑的？"

　　"您想想，妈妈在我很小的时候就离开了我们，您陪我一路走来，度过了一个又一个日日夜夜。您不辞辛劳，那皱纹不就是最好的证据吗？它见证了您对我的爱。"

　　"呵呵，说得有道理啊。"他笑道，"你长大了，懂事了啊。我先走了。"

　　我默默地思忖着，到底要不要父亲去帮我买早点呢？算了，还是自己来下面条吧。"爸，今天您就别上街为我买早点了，我来下厨。"我便径直走进了厨房。

　　点火，烧火，放面条……终于，热气腾腾的面条出锅了。我把面条分成了两份，一份给自己，一份给父亲。父亲兴奋地用双手接过碗，小心翼翼地放在桌上，欣慰地看着我。但又立刻低下头，吃面去了。我正不解，突然看见父亲眼里噙满泪花。尽管父亲在极力

139

那天阳光好暖

地掩饰，但还是被我发现了。我小声地说："爸，您慢点儿吃，小心烫！"说完便走向房间，因为我也忍不住眼泪。

葡萄架旁的天使

　　有一次，她看到河里的鱼，召唤了几个同龄人打架下河捕鱼去了。可是，没网啊？于是，她卸下那张粉红色的蚊帐充当了渔网。等太阳睡到泥巴里的时候，她才风风火火地赶回来。看着一铁桶的鱼，奶奶惊讶地问："哪来的鱼？"她不作声。

村里那口井

涂　浪

村口的井，已经荒废了多年，里面的水，也早已乌黑发臭。

现在的我，已经是人长树大了，再次来到这井边，往事不禁翻涌而出……

那时我还小，常喜欢跟着爷爷去那口井边的桑树下乘凉，听老一辈的人谈家常，讲故事。隔壁的王爷爷常常编些故事吓唬我，说那井里边曾飞出了一条龙，狰狞恐怖，吃小孩。那时我还小，也就信了。当王爷爷讲得绘声绘色时，我常会吓得躲得远远的，我害怕那龙！所以，我去井边玩耍时绝不敢靠近那口井。对于它的原貌，我也记得不大清楚了，我唯一知道的是，这口井无比的深，就像能一直通到地心深处一样，而且这井也非常黑，就似巫婆锅中的魔药。站在井口，看不清水位，但是将水桶放下去打水确实能听见水花激溅的声音呀，打上来的水也的确很清澈！

那个夏天的傍晚，夕阳的余晖将半边天染成了血红色。村里的老人们像往常一样都坐在大桑树下乘凉。妈妈递给我一个小木桶，说让我去井那打水。晚风徐徐，蜻蜓高飞，我蹦跳着来到井边，望着那深不见底的井，我又想起了王爷爷讲的故事。我害怕了，将桶扔进井里，溅起巨大的水花，又突然记起像忘了什么，对了！我没系绳子！

我急了，向井里望去，然而井里一片漆黑，什么也没有。我便趴在光滑的井口上将一只手伸下去，希望能够捞到什么，可下面空荡荡的。我又将身体向前挪了挪，却一个倒栽葱落入了井里，我呆了，那一刻，时间似乎暂停了，脑海里一片空白，我完了？不禁鼻子一酸，我的眼眶竟湿润了，溢出的泪水滴在井水里，散开微微细漾。我似乎晕了过去，后面的，都不记得了。

　　仿佛听见有人在喊我，我睁开双眼，我竟然还活着。环顾四周，什么人也没有。我浑身酸痛，伸了个懒腰。天已经黑了，我爬下床，看看有没有些吃的。推开门只见爷爷房间的灯还亮着，我好奇，便走近了些，门没关好，透过门缝，我听见奶奶的咒骂："王家两小伙子又不是不救咱家孙儿，你硬是要自己去，这倒好，伤着了骨头！"说着，奶奶扭过头，偷偷地拭起了泪。爷爷靠在床上，手上打着石膏，背上也贴些膏药。只见他叹了口气，摇了摇头。我不禁将嘴捂住了，竟然是爷爷救了我，他还把自己弄伤了，也只能怪我没用，打个水都能出事！"老婆子，把我扶起来，我去看看孙儿，他也受伤了。"我也有伤？我打量着自己，只是额头上蹭破了皮，这严重么？那爷爷的伤呢？我蹲了下来，用手将脸捂得严实了，我太愚蠢了！还害得爷爷受伤。想罢，那不争气的泪水从指缝间渗了出来。我又站了起来，心里很不是滋味，就像是打翻了五味瓶，我再也忍不住了，将门一推，我出现在灯光下。爷爷见状，立刻用被子将自己手上的石膏掩起来，笑着说："哟，孙儿来了，你真命大，可没被那井里的龙捉去！"说话的声音中带些颤抖，语气也减了几分，笑得也那样不自然。我受不了，跑到爷爷的身边，将被子掀开，爷爷与奶奶互相对视——这孩子知道了？爷爷见我哭红了眼圈，便不再瞒我。我看着爷爷的手臂，疼得分明是我自己！眼泪似决堤的河水，顷刻间泄出，滴到了石膏上。"爷爷，好些了么？"我轻声问道，"这……"爷爷不吱声了，将我搂在怀中，我贴在爷爷的腋窝间，刹那间感到爷爷狭

葡萄架旁的天使

窄的肩头宽阔了。不一会，我的额头上湿润了，我没有抬头，只是将爷爷抱得紧了些。我知道，爷爷也哭了。不知是惭悔、是害怕、是担心、还是幸福，各种情感融于我的泪水中，滴在了我的心田，似乎像打开的闸门，泪水划过我的双颊，我不想再让爱我的人受伤了。

凝望着眼前的这口井，我笑了，是那样灿烂，鼻子一酸，眼泪又流出来。井有多深，情亦有多深；水有多清，情亦有多纯……

我的小桃树

周宝华

144

你陪伴了我儿时的岁月，夏日炎炎时你摆动你那长长的枝条赠我微风习习。

这棵小桃树没有贾平凹先生笔下的那棵小桃树伟大，也没有华丽鲜艳的外表，但在我心里，它是最好的，最美的一棵。

那个深秋是我第一次见你——你长得很高，但枝丫很稀零，上面挂着几片叶子，显得很苍白、瘦弱。春天，你繁盛了许多，于是我总往你身上爬，因为年少无知，常常一个不小心就掉下去，每当这时，你都会伸出长长的柔枝、轻轻地抚摸着我，好像在安慰着我，当我再爬时，你那细小的枝干仿佛有了无穷的力量，保护我不让我掉下去，你的枝长满了嫩叶，我伏在你身上静赏你那颀长的枝条在风中翩然起舞，阳光透过叶缝见证了你我的美好时光。不知何时，你开出一朵又一朵小花，空气中弥漫着阵阵花香。

夏天，你蓄满力量在枝头长满了桃子，枝干也粗壮结实了不少，那时我总想着你树上的桃子，但妈妈不允许我摘，于是你就想了个好点子——把熟透的桃子掉下来给我吃，所以我每天都能吃到桃子，有时我也会偷偷地去摘，当被妈妈发现后，我都会像一只狡猾的猫一样偷偷溜走，而你会摇动枝丫发出清脆的响声，不时几个桃子落下来，似乎是在褒奖我的机灵。

我特别喜欢在你的树荫下乘凉，这时的你，枝繁叶茂，当我躺在下面时，你总不忘替我送来阵阵清风，而我总能在这伴随着微风与你那独特的沙沙声中安然入睡，岁月，就在枝叶的摇晃中，叶子的飘落中流逝着……

你是我的小桃树，我独一无二的小桃树，你一直陪伴着我，带给我无尽的快乐。

落叶的温暖

孙　娜

窗外的那棵树，挺着黝黑的树干，静静地站在那里，它站了整整一个寒冬，待到大地回春，却被冰霜染成了生意盎然的碧绿。

它就站在那里，迎着飒飒晨风，微风轻拂着枯黄的老叶，又带落了几片最轻薄的败叶，一摆一晃地从高高的枝头滑落下来，又为那棵依旧坚挺的树衬托了几分无力。它是这里唯一没有莺啼燕转的树，那些欢快的鸟儿似乎并不放心这幢苍老的"房子"，伴着一声宛转的小曲，只给这样可怜的大树留下一抹清影，它也是枝叶婆娑，只是冬天给它渲染错了颜色……

随着一声轻轻的幽叹，几只黄蝴蝶从树上扑腾扑腾地飞舞下来，打了几个漂亮的旋圈，又静静地伏在地上，不动了，所有的枯叶摇曳着，却迟迟没有飘落下来，好像在犹豫着什么。

所有的树，葱绿苍翠，它们傲然以翠如碧玉的新叶迎接美丽的春天，有的甚至还会那样骄傲，连彩亮的飞鸟都爱围着它们，轻鸣盘旋，万物静静地、缓缓地复苏着，唯有那棵被遗忘的树，在一个偏僻阴暗的角落里落寞地散落一些零碎的秋黄，所有人都忘了这棵枝叶枯黄的树，好像连春天也一样。

那是昏暗的一个下午，不合时的阴沉弥漫了整个天空，连雾都成了死气沉沉的灰色。随着一声轰鸣的响雷，很快便是骤雨大作，狂风怒号，大风肆虐着那棵衰老的树，在一道道惊呼声中，树开始颤抖了，那些枯败的叶啊！大把大把地从树上撒落下来，一道长长的蓝色闪电划破天际，见过无数次老树落黄，却从没见过那样壮观，那样凄美的落叶。

当清晨的第一抹阳光普照万物，所有人惊奇地看到，那棵落得光秃秃的树，多了点儿什么，黝黑的枝头上映了点儿绿，新春的翠绿，绿得发亮，在坑坑洼洼的地上晃着影儿。

那棵树还是枝叶繁茂，只是那叶不再是枯黄，而是鲜绿，比任何树木都亮堂的绿，青翠欲滴。

春天又重新眷顾着它，为它吟诵着生命，初春那天，那棵新生的树又在飘零着什么东西，洁白如雪，纷纷扬扬，如梦似幻。

有一种温暖，飘飘扬扬，散落一地枯黄，将爱深深地埋在沙土中，换来遮天蔽日的青绿，落花如雪。

风 之 歌

丁紫玉

　　我同雨是一对朋友。上帝让我们相识相知，太阳却让我们分离。我跟着悠悠白云来到这里，为的是将湛蓝的天空和广阔的大地合为一体。我要用自己的咆哮让它的泪停止落下，别再那么悲伤。

　　清晨，我在他的耳边说着千言万语。他吹着口哨欢呼着。黄昏，我和他躺在大地上，看着世间万物，共赏这份美好。

　　我生性冲动、暴躁；他却有耐心、温顺，懂得迁就我的小性子。

　　下雨时，我们相遇，聊着各自所经历的故事。天晴后，我们将要各奔前程，总有点儿依依不舍。

　　曾有多少次，当人们感受酷热时，我化成一缕清风，给人们带来凉意；曾有多少次，当英俊的小伙子向少女吐露心声时，我愿当一回信鸽，寄出那一份想念；曾有多少次，我和大地谈天谈地谈人生谈理想，随遇而安。

　　夜深人静，风雨过后，一切又变回到了从前，万物都在改变，呼！思念让我彻夜不眠，一场梦过后，都回到了原点，再无相同！

　　这就是我的命运，这就是我终生不变的事业。

葡萄架旁的天使

给生活加点儿糖

潘雅琪

热爱生存的环境，那就别忘了为生活加点儿糖。

——题记

别忘了，为生活加点糖。

这颗糖是雨果的"对天空望久了便能看到上帝"，是面对挫折的乐观和从容，是面对困难的微笑。生活的道路不可能一帆风顺，人生的航船总会遇到风浪，只要勇往直前，拨开云层就总能看到光明和希望。莫把挫折当作痛苦，要知道挫折成就勇者，放弃弱者。抱着我们的希望，带着我们的微笑，还有我们的勇气，和雨果一起等待"上帝"的降临。

别忘了，为生活加点儿糖。

这颗糖是海子的"面朝大海，春暖花开"，是生活的优雅情趣，是一份放下重压的轻松和自由。就像一条路走累了，总要停下来歇歇。无意间在山野寻到了一捧鲜花，那醉人的香味将告诉你，生活并不乏味，只要愿意挖掘，快乐就在我们身边。只要耐心去做，贫瘠的土地也能开出幸福的花朵，只要热心去爱生活，每天都是春暖花开。爱生活，那就让我们和海子共看春暖花开。

别忘了，为生活加点儿糖。

这颗糖是赵传的"我很丑，可是我很温柔"。不要把自卑当作一次又一次失败的理由，告诉自己"我可以"。为自己的生活加点儿微笑，你会发现自己和别人一样。我们同在一片蓝天下，我们同踩在一片土地上。不要埋怨世界不公，这全世界最公平的就是我们都有一颗崇高的心，这就足够了。让我们和赵传一起自信地告诉世界："我很丑，可是我很温柔。"

就像是累了要歇歇脚，渴了要喝喝水，就像是哭了要拭干泪，笑了要甜美些，就当是为生活的车轮上上润滑剂，请为平淡的生活加点儿糖吧。

诗仙与我

刘　晔

本想着穿超人的服装从空中飘然而至，让在庭院中赏月饮酒的李太白猜猜我是哪位神人。可是时光馆的老兄给我准备了一套"符合史实"的衣服。身穿一套古装的我看起来像个俊秀的书生。没办法，我只好装作一位学富五车的书生，踱着八字步来到正在饮酒的李太白面前。

"太白兄……"我学着古装戏里的台词。我料想李白应会抬头看我一眼，可没想到他却连头也不抬，口中只喃喃着什么"举杯邀明月，对影成三人"，一心沉醉在他的诗兴之中，涨红的脸上露出醉态。原来他喝醉了，喝醉也能作诗，诗仙真是名不虚传。"李白斗酒诗百篇"这句话真是不假。"月既不解饮，影徒随我身。"我接起了他的下半句诗。他这才惊讶地抬起头："你是谁？你怎么能吟出我脑中的诗句，难道你会未卜先知？"我哪懂什么未卜先知，我不过是会吟你的罢了，诗仙之作千年传诵，连五六岁的小孩也朗朗上口。我说："其实，我不是这个时代的人，我来自未来，所以才对未来的事略知一二。"

李白听得莫名其妙，瞪大了眼睛，伸出手摸摸我的额头："你是喝醉了？还是发烧糊涂了？怎么满口胡言？"我哭笑不得，只好对他说："以后你就明白了。"经过一番谈话，李白的酒也醒了一大半，握着手对我说："刚才恕在下冒昧了，请问阁下尊姓大名？"才子就是才子，说起话来一套一套的。我也不含糊："在下孟浩然，久仰'诗仙'大名，今日特来拜访，还请阁下赐教。""哪里哪里，其实阁下的大名在下也久闻了，只是无缘相见。"我有些无奈："唉，太白兄误会了，此'浩然'非彼'浩然'也。在下无能无德，哪敢与大诗人孟浩然相提并论，只是同姓同名罢了。惭愧！惭愧！"

"浩然兄不必自谦，名气的有无有什么重要，在下平生只爱真才实学，绝不计较什么名气。"我摇摇头："还是别说这个了吧！来谈一谈太白兄最擅长的诗歌吧！"谈到诗歌，李白的话如江水般滔滔不绝。我们秉烛夜游，聊唐诗，聊宋词（"宋词"是我告诉他的），直到天边微明，我们还谈兴未尽，李白邀我同游黄鹤楼，我欣然同意。三月天，到处都开着美丽的花，鲜艳又绚丽，青柳随风拂动，雪花似的柳絮漫天飞舞，景色真是迷人。游玩了一会儿，我说："太白兄，我要去扬州会会郑板桥，恕不奉陪了，告辞！"说完我便跳上了船，在李白的告别声中顺流而下。帆船离岸越来越远了，我却忽然听到从身后传来的李白的诵诗声：

故人西辞黄鹤楼，

烟花三月下扬州。

孤帆远影碧空尽，

唯见长江天际流。

听着他那朗朗而深情的声音，我的眼眶禁不住湿润了。正在我百感交集之际，突然，眼前白光一闪，我又回到了时空馆，结束了此次时光旅行。怎么就结束了呢？我一急，睁开眼，呵呵，却原来是南柯一梦！

外婆的豆花

郭逸琪

在我的记忆里，给我最多温馨和回味的，便是外婆的豆花。

还记得小时候，只要家里面有人过生日或过什么节日的时候，外婆总会磨豆花。她先挑选出好的黄豆，泡上几个小时。当那些黄豆泡得胖乎乎地鼓起腮帮的时候，外婆就开始忙活了。先把石磨洗净，然后端条板凳，把泡着黄豆的盆子放在上面，最后拿个干净桶放在流豆水的槽口边，把勺子放在盆子里。当一切准备工作做好以后，外婆总会吆喝一声，"准备工作做好，开工了！"外婆的吆喝总会吸引一群孩子围在旁边看热闹，而我，则是在孩子羡慕的目光中骄傲的帮外婆打下手。

外婆握着手柄，开始磨豆子。石磨一圈圈地转，很快，小石磨"肚子"里的黄豆就转换成浆液流了出来。这时，就要往石磨里添豆子了。这样的工作照例是由我来完成的。黄豆一勺一勺往石磨里添，浆液一股一股地往外流，当工作进行到一半时，外婆总会慈爱地问我累不累，要不要歇歇。其实，真正累的是外婆呀，因此，当外婆问我时，我总会说："好累呀，外婆，歇歇吧。""好，不能累着我的宝贝外甥女，咱们歇歇。"每在这时，我总会偷着乐。豆子磨完了，就要上锅煮了。外婆先用帕子将汁水滤一下，然后放入锅中，用火煮。锅里慢慢起了泡泡，且越来越多，最后，雪白的泡泡堆成一个大大的"白锅盖"。等豆浆冷却后，外婆放上淀粉，用她的大勺子不断的搅啊，转啊，搅啊，不大一会儿工夫，豆花就神奇地出现了。

简简单单地放上葱花、雪菜、虾米、盐、酱油，一碗豆花做成了，只要有人在场，每个人都有份。当然，第一碗外婆总会笑眯眯地盛给我。虽然外婆做的豆花不够白，也不够嫩，可大家吃得都很开心。外婆总是说："外面豆花不干净，还是家里的比较健康。"吃着外婆做的豆花，儿时的记忆里，真的就觉得这是人间最美的美味了。

如今，外婆已年过七旬了，每当我们一家去探望外婆时，就会想起童年时在大树下做豆花的情景。时光流逝，岁月匆匆，昔日那个健朗的外婆已经不能再做豆花了。我渴望回到童年，回到那个充满外婆豆花味道的童年。

这次，我没有退缩

张翊天

两年前的那次演讲比赛让我刻骨铭心。

那是我第一次站在舞台上发表演讲，我怯生生地站在台上，而腿僵直，吞吞吐吐地念着稿子。我清楚地看到，台下的人斜倚、仰靠、窃语、打呵欠，一脸不耐烦，评委向我投以失望的目光。对比赛一向很在意的我差点儿要在台上失态哭出声来，其他选手精彩的演讲更是狠狠击溃了我的信心。

那时的我，发誓再也不要参加这类比赛。

直到有一次，学校举行歌唱比赛，招聘主持人。大家都很看好我，我自己却犹豫不决，畏畏缩缩，但最终被妈妈极力"怂恿"报了名。后来的日子，妈妈每天晚上陪我练习台词，口音、口形、感情，一点点地恢复着自信。上台的那一天，我的主持得到了老师与同学的赞许。我开始重拾自己对演讲的信心。

从那以后，我开始努力争取每一次的口语表达机会。我的口语表达能力一点点地提高了。机会总是留给有准备的人。

这次登上舞台的我，与第一次已是截然不同。我自信地大步跨上舞台，尽管内心闪过几丝慌张，但我尽量让自己的脑海里仅有即将要朗诵的诗词。音乐响起，我渐渐进入了状态，早已准备充分的我便马上融入了诗词的意境之中。我脸上的表情也随着音乐的变换时紧时松，原本紧握着的双手舒展开来，腿部也慢慢地放松了下去。到了后半部分，我内心的紧张感已经荡然无存，全身心融入诗词中，更大胆的发挥，更酣畅淋漓地表达。表演结束，台下响起一片热烈的掌声。

我高兴地笑了，深深地鞠了一躬。我满身是汗，这是经过一场淋漓尽致的表演后流下的喜悦的汗水。

这一次比赛，我取得了不错的成绩。当我听到公布比赛结果时那一阵喝彩声时，我的内心无比激动与愉悦。

尽管我的朗诵、演讲能力还有非常大的进步空间，但我相信，我会更快地进步。因为这一次，我没有退缩，因为我的努力，奠定了演讲朗诵基础。更重要的是，我发现，克服怯懦和恐惧的方法就是——

正视不足，充实自我，建立自信。

留点儿感激在心中

胡文婧

> 很奇怪，我听到过，也亲眼看见过许许多多的作文题
> 目，然而只有这个作文题目使我的内心涌起了澎湃的浪花与
> 幸福的回忆。
>
> ——题记

154

"感激"是一个美好的词语，但现在，许多人早已不知道感激是什么了。每天享受着幸福，所有世界上对你的关心、关爱、照顾都成了理所应当的义务。我也渐渐地在这种环境中，渐渐地忘却了感激，忘却了关心父母，一味地只知道让父母为我付出，我理所当然地享受。

我亲爱的母亲，流光容易把人抛弃，红了樱桃，绿了芭蕉，您在我心中的形象交错纵横充斥于心。

小时候，会怪你

每到幼儿园星期五的时候，所有小孩子最盼望的就是得到一朵小红花，然后开开心心地等待父母来接。

我开心地与朋友们玩着积木，一边玩一边看着外边，等待妈妈的出现。时间慢慢过去了，当小朋友们一个个扑向父母的怀抱中向我道别时，我只能强忍想哭的念头，硬生生在脸上挤出一点儿笑容与他们道别。

当幼儿园里小朋友寥寥无几的时候，你拖着疲惫的身躯来了。我委屈地说了一句："妈妈，你怎么现在才来啊！"说着，眼泪早就不争气地流了下来，我忍不住地哽咽，泪珠止不住地往下淌，潮湿地划过我的脸颊，在干燥的皮肤上留下一道道曲折的线。

只见您柔声安慰着我，抱着我回家。一路上我一直在怪您，可我哪知道，您是匆忙着开完会来接我的。工作完的您，身心疲惫地来接我。

其实，您就像那橘子外面橙黄的表皮，总能包容我的一切。

稍大后，会怨你

155

小学，学校作业管得很严，每次写完作业都是您帮我整理书包。记得有一次早晨交作业时发现您把我的数学作业本遗落在了家里。果然，老师后来狗血淋头地说了我一顿，并用教鞭打了我两下……

晚上我回到家，迎我回家的仍是那熟悉的菜香，但我无心去享受它，开口就问："妈妈，昨天你怎么忘记把数学作业放进我包里了，害得我被挨了两鞭子。"妈妈脸一下子沉了下来，冰冷地说："如果我说是我故意的你又会怎样呢？自己整理自己的作业你才会放心，这是你的义务，不是我的责任。"

"我不想吃饭了。"

"你自己看着办，好好想想你是不是错了。"

其实，您就是橘子瓣外的一层表皮，告诉了我怎样处理问题，怎样才能吃到甜美的果肉。

现如今，会爱你

现在，我已是一名六年级学生，唯一不变的爱好是喜欢吃橘子。门打开的时候，妈妈走进来，手里提着一提橘子，对我笑着说："亲爱的，妈妈今天买了你喜爱吃的橘子。"这一刻，我心中充满了感激，我想起了平时的点点滴滴。

一次次生病，都是妈妈陪着我渡过一个又一个难熬的晚上，打针、吃药，妈妈似乎比我还难受；在我晚上学习时，无论多晚，妈妈都坚持陪着我，直到我休息；每天凌晨五点半，妈妈常常爬出温暖的被窝为我做爱心早餐……这些为什么女儿都没有感受到呢？也许是您的爱太体贴、太周到，让我感觉这些都平常了吧。

我熟练地剥开皮，品尝它们的果肉，霎时间，泪悄然落下，因为我知道我为什么那么爱吃橘子了。

156

温暖，就这么简单

张家乐

温暖，也许是生活中的一缕阳光，照耀着我们的心田；温暖，也许是爸爸妈妈的一声叮嘱，每一个字都充满了爱；温暖，又或许是朋友的一次帮助，每一个细节都透露着友情……温暖，在我们生活的每个角落，也许在不经意间，你就发现了温暖。

那应该是我上三年级的时候吧！那是个非常寒冷的冬天。从早上上学一直到中午上学，虽然有些许凉意，但太阳还笼罩着大地，可是到了下午快放学的时候，那天，突然阴了下来，不一会儿就下起了倾盆大雨。"中午回家要上学的时候为什么不带伞，明知道天气预报说要下雨。"我一遍又一遍地质问着自己。看着同学们一个接着一个地被家长接走，我十分焦急。爸爸妈妈出差了，爷爷奶奶也回乡下去了，没有人会来接我。

五点……六点……七点……时间飞速地流逝着，转眼间已过了两个多小时，那雨，还没有半点儿要停的意思。我急得像热锅上的蚂蚁。这时，留在学校批阅试卷刚下班的黄老师看到我急得快哭了出来，连忙跑过来，问我怎么了。于是我就把事情的全部经过都跟黄老师说了一遍。听了我的叙述，黄老师说："你家里人今天忙，不能来接你，让我送你回家吧！""不用了……真的不用了……"我吞吞吐吐地说。"让我送你回家！"黄老师这次的口吻犹如命令，让人无法拒绝。我犹豫了一下，点了点头，坐上黄老师的摩托车。

在路上，我的嘴唇被风吹得干裂了，我抿了抿，竟然流了血。这一举动让黄老师发现了，黄老师把车停在一个避风雨的地方，拿出我的保温杯倒茶给我喝，喝了一杯后，黄老师帮我擦拭我嘴唇裂开的地方。血很快止住了，黄老师在确认我的嘴唇没有流血后，才继续上路。这时，喝进去的热茶在我肚子里面散发着暖意，可我的心更暖。

过了一会儿，风刮大了。一阵寒风趁机钻进了我衣服里面，我冷得直打哆嗦，这一举动又被黄老师察觉了，于是他又把车停在一个可以避风雨的地方，脱下一件毛衣给我穿上，检查毛衣不漏风后才又上路。我的心更暖了。

终于到了家，我叫黄老师进来坐坐，黄老师说："我还有事，先走了。"望着黄老师远去的方向——那是与我家相反的方向，我禁不住流下了感激的泪水。

直到今日，我一直记得那件事，那就是温暖，那就是幸福。温暖，就在我们身边；温暖，就这么简单，让我们一起去寻找温暖，让温暖萦绕我们的一生吧！

小巷里的故事

肖雅婵

　　小巷，是小而老的。凹凸不平却十分光滑青石板，铺成了这条小巷。小巷，是不语的，巷子里的人和事，它都默默地听着，静静地看着。它既不批评什么，也不表扬什么。小巷，发生过许多许多的故事……

　　上学日，中午，小巷。一声声清脆的声音踏略显沧桑的青石板上，不急不慢地响着，到了巷头一家门前停了下来，抬手敲门，门开后，声音的主人——一个十三四岁的女孩，戴着一副黑框眼镜，身着校服，显得文质彬彬。她平静的脸上看不出任何情绪，进了门，她仍是波澜不惊地通知："我们月考成绩出来了。"她妈妈与她对话："嗯，成绩？""还可以，年级前三十。""可以再往前进一步。""知道了。"一家人一起在餐桌上吃着饭，沉默得再无声响。

　　巷子里另一个声音穿过巷门，一蹦一跳地跃进了巷子，活泼而开朗，脚步声落在青石板上，发出悦耳动听的声音。这声音来源也是一个女孩，与前一个女孩年龄相仿，却不似前者那般稳重，多了一丝灵气，只是这悦耳的声音到了另一家门口却像气球泄气一般慢慢低了下来，有种精神不振的感觉，仍是抬手敲门，女孩却好像显得很紧张，甚至还做了数次深呼吸，才动作僵硬地抬手，轻叩了几下门，那神情，如是里面有狂风骤雨在等着她一样。门开了，女孩有些畏缩地进去，也在和她母亲对话，只不过被问的人与问的人互换了："月考成绩出来了吧？""嗯，那个……""我问了你们老师了，你这次成绩怎么又不理想！""我……""你说你呀，一天到晚只知道玩，不把心思放在学习上，跟你说了多少次了，你也不知道学学人家那头的姑娘，人家多争气啊！唉！""我下次会考好的。"女孩小声地说。"先去吃饭吧。"仍是默默无言地吃着饭。

待两个女孩重新踏上青石板路，小巷深处，那两个多年前曾经也在青石板上手拉手一起去上学的两个闺密却拉起了家常，一个女孩的妈妈说："这孩子太文静了，以后要受人欺负的。"而后一个女孩的妈妈劝道："上大学就好了，大学气氛好些。你说我家孩子怎么这么不上道呢？太开朗了倒还不好。"

小巷沉默地想：人类真是一种复杂的生物。可它还是一言不发，小巷一如从前，安安静静地，不作一丝评论，只是蜿蜒着，蜿蜒着，将青石板铺到两个女孩的脚下，送她们去远方……

159

男儿气都到哪儿去了

范德康

手中捧着一本《优秀作文选》，细细观看，觉得文笔很好，构思也很好，只是我所看到的大都是"她"：她哭了；她落泪了；她茫然了；她悲，她愁，她苦，她痛，她……

差不多都是少女情怀，多愁善感的笔调。而本就寥寥无几的几位男生写的作文也多是细腻的笔法，缺少男儿恣意放纵的文风、洒脱不羁的格调，以及豪情满怀的激情。

其实，这实在是怪不得他们。不知从哪一天开始，"男儿"被改成了"男孩"。而事实也像这个词变化一样，生活中多了些柔情，少了些刚强。

我正在渐渐长大，这种感觉却越来越强烈，甚至已成了烦恼。我们从幼儿园到小学，接触到的大多数老师是女教师。我们每天接受的是她们温柔的爱和循循善诱的教导，却很少遇到一位男老师拍着桌子责骂我们的不是，或者是唾沫飞溅地谈论国家大事。这些都在潜移默化地影响了我们，于是我们从不懂事开始便已学会了柔声说话，举止文雅，不要激动。

回到家里听到的是父母的话——好好坐在写字台前看书。于是我们不会在雨中狂奔，去寻找那份舒畅，不会在路上互相追逐，去寻求那份快意。我们正如家长们所希望的没沾上"野气"。我们是乖孩子，我们慢慢地走路，我们能独坐半天，我们把话放在心里，甚至我们学会随波逐流。打开书本，是南唐后主的"问君能有几多愁""剪不断，理还乱，是离愁……"我所看到的都是——愁。人愁、花愁、鸟愁、月愁，于是我们也变得多愁善感。看到下雨了，便说："雨绵绵"；看到起风了，便说"风萧萧"。我们便是在这样的环境下成长的。但毕竟人在长大，男儿的天性是掩盖不住的。我发现自己男子气概太少，也觉得这一代男子气概太少。堂堂七尺男儿应该刚强，我们无须轻声细语，我们可以放肆地说、激动地说，想说什么就说什么。男子汉应有"野气"，应该挺起胸，大踏步地走，应该抛开顾虑尽情做自己愿意的事。血性男儿不应随波逐流，应该敢作敢为，闯出自己的天下。铮铮男儿不该流泪，无须说"愁"。真的汉子，应该有雄心，有豪情。

"替我打开电视机。"妈妈的话打断了我的思绪，当我打开电视，屏幕上正放着《大丈夫面面观》，又看到那些"丈夫"们俯首低语、唯唯诺诺的样子。

哦，男儿梦……

让　　座

马　江

那次，我与妈妈一起坐公交，很挤。好不容易抢了个座位，一看到妈妈还站着，我立马让了座。后来，从拥挤的人群中，看到一位弓着腰、拄着拐棍的老爷爷。由于客车不停地摇晃，老人也踉踉跄跄的。我看得直笑，想让妈妈也乐一下。

我拍了拍妈妈，指了指老人。妈妈把脸转过来，凑巧老人也正盯着我们。妈妈脸上的笑容瞬间没了，变得十分严肃，她使劲瞪了我一眼，迅速站了起来，走过去扶着老人的胳膊，带到自己的座位上坐下，自己默默站在一旁。

突然间司机踩了个急刹车，车上的人都向前倾了一下，老人的头一下子碰到了前座上。"老人家，您没事吧？"妈妈急切地问。看到老人笑了笑，摇了摇头，妈妈舒了口气，放下心来。

妈妈那天穿着高跟鞋，由于站的太久，她一直在活动脚。我看在眼里，瞬间明白了……

下车后，妈妈语重心长地对我说："给老人让座本来就是应该的事，你非但没有提醒妈妈给老人让座，还嘲笑老人，真是没有礼貌！要记住，不论在哪里，都要尊老爱幼！"妈妈故意把"尊老爱幼"四个字，说得很重。我听后，羞愧地低下了头。

从此，见到有人遇到困难，妈妈给老人让座的身影就浮现在我眼前，我就尽自己最大所能去帮助他们。

车　祸

李玉潇

162

周末和母亲一起出去购物，却意外看见了一起"小型车祸"。

我们脚下的这条街有很多年的历史了，一直都是人们购物的"天堂"。到了周末更是人山人海，而人多的后果就是"事也多"，人挤人，人推人，挤来挤去，推来推去，就出了事。到处都是人们的叫喊声、争吵声，人们的心情也随之烦躁起来。

我们来到一个十字路口，等着红绿灯过马路。就在我不经意的一个转身时，我分明看到一个中年男人，骑着一辆破旧的自行车，撞上了一个衣着华丽的青年。那个中年男子衣着朴素，脸上满是皱纹，一看就知是饱经风霜，且生活并不如意，手里还提着一个保温盒，但盖子早已掉在了地上，里面的饭菜全泼在了那位衣着华丽的青年身上。见此情景，他的脸上满是惶恐与不安。那个青年，他的打扮很时尚，背着一个迈克的单肩背包，腕上戴着一块手表，在阳光的照射下闪闪发光。他留着一头齐耳的长发，刚刚遮住他那异常显眼的耳环。在这一瞬间，我的大脑有那么一丝短路，生活轨迹完全不同的两个人也能这样相遇？这难道就是传说中的"火星撞地球"？我的心中有点儿不可思议，不可思议之后就是不安，为那个朴素的中年男子不安。"火星撞地球"所引发的后果是他能承受的吗？此时，整个世界好像都安静了，为他们而安静，整个世界可能会因为他们的下一步而震惊。就在这时，青年行动了。他缓缓弯下腰，捡起了地上的保温盒盖，递给了那位中年男子，一脸遗憾地说道："好香的味道，但可惜让我的衣服享受了！"这个不太好笑的笑话让在场的人发出了微笑。

是啊，世界是美好的！因为你们，因为你们宽广的胸怀，因为你们的和谐相处，我们才能更加体会到这个世界的美好！

和烟神老爸过招

肖天怡

被人崇拜的男生叫男神，被人喜爱的女生叫女神。而我的老爸，却是名副其实的"烟神"。

为什么他会有一个如此奇葩的称号呢？且听我慢慢道来。我爸最爱的就是香烟，每个月都把钱花在买烟上。他只要一有空，就抽出一根烟，心满意足地吸起来。那表情，真是如痴如醉。他一天可以抽十几支烟，只要他出现的地方，老远就是一阵浓浓的烟味儿飘来。让人感觉他就像腾云驾雾出现。

为了抽烟，他惹恼了老妈大人。妈妈就使出她的秘密武器——女儿，也就是我啦！因为爸爸虽然看起来凶巴巴，其实常常会在我面前偃旗息鼓。我对付他的第一招就是：藏宝。我把他的烟全部都拿走。最多的一次我把他的五盒烟全偷出来交给妈妈。妈妈把烟直接拿到超市换成了洗衣粉。爸爸回来到处找烟，急得团团转。他看我在旁边偷笑，就问："说，是不是把爸爸的烟藏起来了？"我咯咯咯笑个不停。指着几大袋子洗衣粉说："那就是你的烟，快去抽呀？"妈妈说："几包烟能换成这么多洗衣粉，还是别抽了，既浪费钱又伤身体。"

爸爸被我们母女俩劝好了没几天，就又犯烟瘾了。不过他不敢在家抽。可是还是逃不过我的火眼金睛。哈哈！我爸爸挺怕爷爷的，我让爷爷来管他。我对爷爷说："爸爸又在抽烟，我吸了二手烟以后都生病了，从读二年级一直咳嗽到了五年级。"说完，我猛地咳嗽了几声。爷爷一听，非常心疼我，对我说："放心吧宝宝，爷爷一定狠狠地教训他！"爷爷说到做到，他大发脾气，对着爸爸吼了一个多小时，把爸爸的烟全没收了。还说："这烟就让我抽好了，别在家熏着宝宝。"

可惜，我和妈妈还有爷爷使尽了招数，爸爸还是没有戒掉烟。他说："饭后一支烟，快活似神仙。"哎！我这烟神老爸，什么时候能败在我们手下成功戒烟呢？

葡萄架旁的天使

李　锦

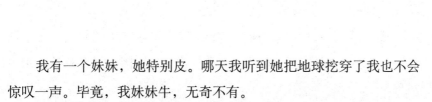

　　我有一个妹妹，她特别皮。哪天我听到她把地球挖穿了我也不会惊叹一声。毕竟，我妹妹牛，无奇不有。

　　我妹妹很漂亮，她自打出生起就有着长长的睫毛，好像在娘胎里就用了化妆品似的。还有她的鼻子，又高又挺，五官精致得不要不要的！然而，她所拥有的，我一样都没有。全怪我玩烟花时连睫毛带眉被烧得寸草不生，怪我荡秋千时摔平了鼻子，全都怪当初彪悍过失的童年……

　　就凭标致这一点，我妹从幼稚园开始就是歌舞团的吸金石，从始至终都是领舞担当；而我，演了个狼外婆居然被观众嫌弃太胖了！每每想到这里，我感觉我的血液要策马奔腾了！不仅如此，我妹的成绩还飞上天，期中期末拖着堆成山的奖品奖状回来！噢，潜藏在我体内的洪荒之力爆发出来吧！！！

　　可是，她也并不是乖巧到家的邻家小妹，像掏鸟窝、抓螃蟹这类野人做的原始娱乐她就做不来。所以她玩高智商的。有一次，她看到河里的鱼，召唤了几个同龄人打架下河捕鱼去了。可是，没网啊？于是，她卸下那张粉红色的蚊帐充当了渔网。等太阳睡到泥巴里的时候，她才风风火火地赶回来。看着一铁桶的鱼，奶奶惊讶地问：“哪来的鱼？"她不作声。那几个鬼打架却不讲义气，连忙打小报告说："是李圆圆拆了你们的蚊帐弄的渔网！"奶奶匆匆忙忙地走进屋里去，看着空空的架子，对妹妹摇摇头，叹了一口气，什么也没说。

可是，这夏末的蚊子毒得很，咬得李圆圆浑身是包，个个又大又红，红得发起了亮。

还有一次，她看要饭的可怜，一锅大米饭全给那要饭的，还外加两个馒头。奶奶知道了之后一怒之下把她拴在了葡萄架上，系的全是死结。第二天，她就把葡萄叶全打了下来，过了没多久葡萄树就归天了。

或许某天，你发现厨房变成的御膳房，收音机的盒子变成了粉红色，床被几根铁链吊了起来，请不要吃惊！因为她正打算把地球挖穿！

166